中学图书馆文库

丁文江的传记

胡适 著

生活·讀書·新知 三联书店

图书在版编目（CIP）数据

丁文江的传记／胡适著. —北京：生活·读书·新知三联书店，
2014.6
（中学图书馆文库）
ISBN 978 – 7 – 108 – 04983 – 4

Ⅰ.①丁…　Ⅱ.①胡…　Ⅲ.①丁文江（1887～1936）－传记
Ⅳ.①K826.14

中国版本图书馆 CIP 数据核字（2014）第 061784 号

责任编辑　唐明星
装帧设计　蔡立国
责任印制　徐　方
出版发行　生活·讀書·新知 三联书店
　　　　　（北京市东城区美术馆东街 22 号 100010）
网　　址　www.sdxjpc.com
经　　销　新华书店
印　　刷　北京鹏润伟业印刷有限公司
版　　次　2014 年 6 月北京第 1 版
　　　　　2014 年 6 月北京第 1 次印刷
开　　本　787 毫米 × 1092 毫米　1/32　印张 9.375
字　　数　160 千字
印　　数　0,001 – 7,000 册
定　　价　35.00 元
（印装查询：01064002715；邮购查询：01084010542）

写
在
前
面

　　本书的作者胡适先生与传主丁文江先生，都为中国现代史上占有一席之地的重要人物。

　　胡适（1892—1961），安徽绩溪人，现代著名学者。他一生竭力提倡白话文，为文化运动的领袖之一，与陈独秀同为新文化运动的轴心人物，对中国现代史产生了较为深远的影响。

　　丁文江（1887—1936），江苏泰兴人，地质学家、地质教育家，中国地质事业的奠基人之一。作为中国地质学的开山大师，丁文江和他的团队短时间内将中国地质学从毫无根底抬升到真正的国际水平，使这门学科在 20 世纪 20 年代就获得了世界声誉。除地质学外，丁文江在地理学、古生物学、历史学、教研学、少数民族语言学等领域也有独特贡献，可谓是一位典型的百科全书式的人物。

丁文江的一生代表了那一代中国知识分子所常见的人生历程：出生在家境还算殷实的家庭，开蒙，私塾，留洋，回国报效；受中国文化和西方文化的双重影响，为国家的命运思考，努力地寻找各种使国家强盛的道路。与同时代的民国知识分子相比，丁文江的一生更为复杂而丰富。他做过地质研究所所长、北大的教授，也做过矿务局的经理，更做过军阀孙传芳治下的官员，由于他的学识与能力，使他在这种种岗位上做得都很出色。所以，在朋友的眼中，他既是"最良善最有用的中国人"，又是天生能办事、能领导人、能训练人才、能建立学术的大人物，还是精于科学、长于办事的"现代稀有的人物"。可他的一颗报国心与一腔抱负，也并不是时时有发挥的地方。如他满腔热忱地跟孙传芳讲，想在上海办一所军事学校，因他所见的中国军人居然连地图也看不大懂，却只换来孙的两声"哈哈"大笑。这样的挫败后来成了丁文江与朋友们分享的笑料罢了。

丁文江是胡适的好友，胡适当年有二十年不谈政治之说，丁断然不允许胡这样将自己超然世外，拉着胡和其他好友办了现代史上影响较大的两份刊物：《努力周报》和《独立评论》。丁对胡说，不管你做如何的思想改革，文字运动还是文艺复兴，倘若政治是腐败的，则所有这些断然不能成功。

丁文江壮年因事故逝世后，胡适痛不欲生，决心为他立传。《丁文江的传记》为胡适所写的最长一部传记，可以说是胡适《四十自述》之外，又一部值得称道的优秀传记。

本书此次出版，附加了傅斯年先生写的悼念长文：《我所认识的丁文江先生》，此文突显了丁文江先生不同凡响的一生。

生活·讀書·新知 三联书店编辑部

2014 年 2 月

目
录

附　录

引　言

　　丁文江先生死在民国二十五年（1936）一月五日。他死后，《独立评论》给他出了一本纪念专刊（《独立》一八八期，民国二十五年二月十六日出版），收了十八篇纪念文字。以后还有几位朋友写了纪念文字寄给我们，从二月到七月，又收了九篇（《独立》一八九期，一九三期，一九六期，二〇八期，二一一期）。这二十多篇纪念文字里有不少传记资料。可惜傅斯年先生已宣布的三个题目，——"丁文江与中央研究院"、"丁文江与苏联之试验"、"我在长沙所见"，——都没有写出来。于今傅先生也成了古人了！

　　傅先生在他的《我所认识的丁文江先生》里，曾说：

　　　　我以为在君确是新时代最良善最有用的中国人之

代表；他是欧化中国过程中产生的最高的菁华；他是
用科学知识作燃料的大马力机器；他是抹杀主观，为
学术为社会为国家服务者，为公众之进步及幸福服务
者。这样的一个人格，应当在国人心中留个深刻的印
象。所以我希望胡适之先生将来为他作一部传记。他
若不作，我就要有点自告奋勇的意思。

我自己在《丁在君这个人》一篇文字里，也曾说，"孟真和我
都有将来作丁在君传记的野心。"我又说：

> 丁在君一生最被人误会的是他在民国十五年的政
> 治生活。孟真在他的长文里，叙述他在淞沪总办任内
> 的功绩，立论最公平。（适按，孟真在第二篇长文《丁文
> 江一个人物的几片光彩》里，论述这段故事更详细，见《独
> 立》一八九期。）他那个时期的文电，现在都还保存在
> 一个好朋友的家里，将来作他传记的人必定可以有详
> 细而公道的记载给世人看。

二十年很快地过去了。当时有作在君传记的野心的两个朋友，

于今只剩下我一个人了。二十年的天翻地覆大变动，更使我追念这一个最有光彩又最有能力的好人；这一个天生的能办事，能领导人，能训练人才，能建立学术的大人物。孟真说的不错："这样的一个人格，应当在国人心中留个深刻的印象。"所以我决心要实践二十年前许下的私愿，要写这篇《丁文江的传记》。

在这二十年中，传记材料很难收拾。例如上文说的关于民国十五年的文电，至今我没有见到。收藏那箱文件的好朋友居然写了一篇《丁文江传记初稿》，在五年前寄给我。可惜他始终没有利用那箱里的任何文电。他自己说，"文江之死已逾十四年，我已老得不成样子，若再蹉跎，不免辜负死友了。"这篇传稿是他追忆的一点纪录，也成了我的材料的一部分。

此外，我的材料只限我在海外能收集的在君遗著，和那二十多篇纪念文字。遗著也很不完全，例如在君在《努力周报》上写的文字，在天津《庸报》上写的文字，我在海外都看不到。因为材料太不完全，所以我只能写一篇简略的传记。

一 家世和幼年生活

丁文江，字在君，江苏泰兴县人。生于民国纪元前二十三年（光绪十三年丁亥三月二十日，当西历 1887 年 4 月 13 日），他在《努力周报》发表文字，常用"宗淹"的笔名，那当然是表示他崇敬那位"先天下之忧而忧，后天下之乐而乐"的范仲淹。

他的父亲吉庵先生，是泰兴县的一个绅士。母亲单夫人，生了四个儿子，文江是第二子。大哥文涛，三弟文潮，四弟文渊。他还有不同母的弟弟三人：文澜、文浩、文治。

文涛先生有《亡弟在君童年轶事追忆录》，说：

> 亡弟于襁褓中，即由先慈教之识字。五岁就傅，寓目成诵。阅四五年，毕四子书五经矣。尤喜读古今诗，琅琅上口。师奇其资性过人，试以联语属对曰

"愿闻子志"。弟即应声曰"还读我书"。师大击节，叹为宿慧。

在君的天资过人，他母亲很早就教他认字，故五岁入蒙馆就可以读书。这种经验，崔东壁（述）曾在他的《考信附录》里说得很清楚：

> 自述解语后，〔先君〕即教之识字。遇门联扁额之属，必指示之；或携至药肆，即令识药题。……字义浅显者，即略为诠释。……以故，述授书时，已识之字多，未识之字少，亦颇略解其义，不以诵读为苦。

崔东壁的自叙最可以给文涛先生这一段记载作注解，使我们相信"五岁就傅，寓目成诵"，不是奇事，只是一个天才儿童早年先认识了许多字，后来拿着书本子，就觉得"已识之字多，未识之字少"，所以能"寓目成诵"了。

文涛先生又说：

　　弟就傅后，于塾中课业外，常浏览古今小说，尤好读《三国演义》。……六七岁后，即阅《纲鉴易知录》；续读《四史》、《资治通鉴》诸书，旁及宋明儒语录学案。……于古人最推崇陆宣公（赞）、史督师（可法）。又得顾亭林《日知录》，黄梨洲《明夷待访录》，王船山《读通鉴论》，爱好之，早夜讽诵不辍。……时取士犹用八股文，塾师以此为教，亡弟亦学为之。……于古文，始尝推许韩昌黎，既而……乐诵大苏纵横论辩之文。年十一，作《汉高祖明太祖优劣论》，首尾数千言。

我详引这两段追记的话，因为在君十六岁已离家出国，他在日本时已能作政治文章，他读中国经史书，他作中国文、中国诗，都是在那十一二年中打的根柢。那根柢起于他母亲单夫人的教他识字，成于他自己在私塾时期的博览自修。

　　单夫人是一位很贤明的慈母。文涛先生说：

　　先严……诸事旁午，鲜有暇晷，涛兄弟以养以教，壹以委之先慈。先慈于涛兄弟爱护周至，而起居动止，肃然一准以法：衣服有制，饮食有节，作息有定程，一钱之费，必使无妄耗。事能亲为者，毋役僮仆。即不能，偶役僮仆，亦不得有疾言厉色。

在君一生的许多好习惯，据他大哥说，是他母亲的家教"植其基"的。

二 他的恩师——龙研仙先生

　　泰兴县旧属于南通州，是江北的一个小县，丁文涛先生说那是一个"风气锢塞"的"滨江偏邑"。在那么一个小地方做一个绝顶聪明的神童，是最危险的事。王荆公有《伤仲永》一篇短文，指出那个神童方仲永陷在一个不良的环境里，没有做学问的机会，结果是到了二十岁时竟是"泯然众人矣"。文涛先生说他们泰兴人"远涉数百里，已非习见，遑论异国！"丁在君能从那个狭窄的地方跑出来，十五六岁就到了日本，十八岁就到了英国，大胆的走到大世界的新学术的大路上去，——这个大转变，这个大解放，都是因为他在十五岁时候，忽然遇着一位恩师，——湖南攸县的龙研仙先生。

　　文涛先生这样记载这一件奇缘：

弟年十三，出就学院试。时盖"戊戌政变"后
之翌年也。会攸水龙公璋以通人宰邑政，兴黉舍，倡
新学。闻弟有异材远志，语先严挈弟入署，将面试
之。弟……入谒，〔龙公〕试以《汉武帝通西南夷
论》。弟文多所阐发，龙大叹异，许为国器，即日纳
为弟子，并力劝游学异国，以成其志。而赴日本留学
之议乃自此始。

我细读此段，不能不指出一两个疑问。第一，在君出去
"就学院试"，那是童生考秀才的考试。文涛先生没有说在君
曾否取中秀才。照那时代的惯例，幼童应考，往往得到学院
"提堂"的优待，在君已能作文字，他被取作秀才，似无可
疑。海外无可稽考，只好等待丁文渊先生去考定了①。第二，
在君应学院考试在他十三岁时（光绪二十五年己亥，1899）。但他
初见知县龙璋先生，似乎在两年之后②，在他十五岁时（光绪

---

① 丁文渊按：在君家兄并未取中秀才。
② 文渊按：适之先生的考证，一点没有错。家兄想要到上海投考南洋公
学，照当时的习惯，需要经地方官保送才可。家兄初见知县龙璋先生，就因为
这个缘故，和院试无关。

二十七年辛丑，1901）。因为他在民国二十四年十二月五日和朱经农先生去游南岳衡山，凭吊龙研仙先生的纪念碑，曾有诗两首，其一首说：

> 十五初来拜我师，为文试论西南夷。
>
> 半生走遍滇黔路，暗示当年不自知。

文涛先生此文里用了一个"会"字，就好像龙知县面试在君的事也在在君十三岁时了。我们似当依据在君自己的诗句，——只可惜在君的诗，我们没有看见原稿，只靠朱经农"记忆所及写出来的"本子。但"十五"两字，依平仄看来，似乎不错。

我们因此推想，这位龙研仙先生（他是攸县名士龙汝霖的儿子，龙润霖的侄子。龙汝霖就是光绪五年在长沙翻刻《宋元学案》的学者。在《宋元学案》的后序里，他曾提到他的"儿子璋"。）收了在君在他门下，必定还指导他去研读那个"戊戌维新"时代的"新学"。文涛先生记载的顾亭林、黄梨洲、王船山诸公的书①，都不像是那个"风气锢塞"的泰兴私塾里的读物，可能都是他的恩师龙公指示他去阅读的。内地的私塾先生教人读《纲鉴易知录》或乾隆《御批通鉴辑览》，那是可能的。在君幼年读《资治通鉴》，又读《四史》（《史记》，两《汉书》，《三国志》），我猜想也是龙公的指示。他读宋明诸儒语录及学案，大概也是龙公指导的，他读的《宋元学案》大概是龙家新刻的长沙本。

龙研仙先生对在君一生的最大造就，是他劝丁家父兄把在君送到日本去求学。这是泰兴县破天荒的事，所以文涛先生说："戚友多疑阻，先严不免为所动。"龙公不但用"父母官"

---

① 文渊按：我们家中可能因为先曾祖曾游宦浙江，颇藏有若干书籍。我们年少时，每年须将藏书曝晒一次，尚能记及顾、黄、王诸公文集。先曾祖馀堂公仅有子女各一人，子为先祖振园公；女则嫁六合唐府（名已记不清）其翁某为翰林，和曾文正公同时，奉命在乡主办团练。后因太平之乱，六合失守，先祖姑夫妇逃到我们家中避难。先祖姑就死在我们家里，她仅生有一女，因外祖母钟爱（即先曾祖母），从小就留居外家，至出嫁时，才回其父家。我们这位表姑母，我们从小称她为"寅姑妈"，她的大名，我从来没有知道。她和苏州名进士曹叔彦先生结婚以后，他们夫妇起初每年都来我家一次，拜见外祖母，以后也往来不绝。我这位表姑父尝治《孝经》（我们家中也藏有此书），虽未做官，然而对清室极忠，终身做遗老，不肯剪辫子。我在一九三五年，到苏州的时候，还拜见过他老人家。他对家兄们的读书，似有影响，因为先母的遗志，本来是要在君家兄去苏州，从叔彦先生攻读。先母去世时，在君家兄十四岁。

和"恩师"的力量来劝导，还替在君设法，托湖南的胡子靖先生带他到日本去。这样的出力，才打破了家庭的阻力，才使丁老先生"举债以成其行"。

这位湖南新教育家的恩惠，是在君终身不忘的。在他死之前一个月，——民国二十四年十二月五日，——他站在衡山上烈光亭的龙研仙先生纪念碑前，他还向朱经农说起"当年如何遇见龙研仙先生，面试《汉武帝通西南夷论》，如何劝他研究科学，并托胡子靖先生带他出洋"。他说："他若不遇见龙先生，他一生的历史或者完全不同，至少不能够那样早出洋留学。"（朱经农先生的纪录，见《独立评论》一八八期）

三　他在日本一年多

——计划往英国留学

　　在君跟胡子靖先生到日本留学，大概是光绪二十八年（壬寅，1902），那时他十六岁。他在日本住了一年半左右，从他十六岁到他十八岁，从光绪二十八年的下半年，到三十年（甲辰，1904）的三月。

　　他在日本的生活，只有李祖鸿（毅士）先生和汤中（爱理）先生的追忆（《独立评论》第二〇八期，第二一一期），可惜都不详细。汤中先生说：

　　　　当时在君只有十八岁，和我同住在神田区的一个下宿屋，他那时候就喜欢谈政治，写文章。我记得东京留学界在一九〇四年的前后，出了好几种杂

14

志，……如……浙江留学生之有《浙江潮》，江苏留学生之有《江苏》。……《江苏》杂志第一次的总编辑是钮惕生（永建）先生，第二次是汪衮甫（荣宝）先生，后来就轮到在君担任。

在君的文章很流畅，也很有革命的情调（当时的留学生大多数均倡言排满革命）。可惜在君在《江苏》杂志上发表的文章现在都散失了，我搜访了多时，一篇也没有找到。

在君住在下宿屋，同我天天见面，他谈话的时候，喜欢把两手插在裤袋里，一口宽阔的泰兴（原文误作"泰州"）口音，滔滔不绝，他的神气和晚年差不多，只少"他的奇怪的眼光，他那虬起的德国维廉皇帝式的胡子"而已。

在君在日本一年半，虽然认识了许多中国留学生，虽然参加了当时东京留学界"谈革命，写文章"的生活，但没有进什么正式学校。不久，日俄战争发生了，——一九〇四年二月八日夜东乡大将袭击旅顺口，——大家更无心读书了。在那个时期，和李祖鸿兄弟同住的庄文亚先生常常接到吴稚晖（敬恒）先生从苏格兰的蔼丁堡（Edinburgh）寄来的信，信上常说，"日本留学生终日开会，吃中国饭，谈政治，而不读书。"也常说苏格兰生活的便宜，常劝人去留学。据吴先生的估计，中国留学生到那里留学，一年只要有五六百元就够用了。

李祖鸿先生说：

> 在君受了这种引诱，便动了到英国去留学的意思。……庄文亚君也在这时候起意要到英国，他和在君一旦遇见，彼此一谈，志同道合。……在君搬到我们那里来住了，他们时常商谈出洋事，自然也冲动了我去英国的念头。……后来是在君出主意，由他先资助我路费，且同我出去，到上船以后，再报告家中，商量以后的学费。

李先生继续说：

> 我们三人决定出洋以后，预备了大约一两个月的英语。在君的英语是一点根基都没有，比庄文亚和我都差。然而到我们出发的时候，一切买船票等等交

涉，都是他出头了。

我们离开东京是在光绪三十年，时间大概是春夏之交。（汤中先生说是"三月某日"。）我们那时所谓经济的准备，说来也甚可笑。在君的家中答应给他一千元左右，交他带去。至于以后的接济，却毫无把握。庄文亚家的资助不过四五百元，以后却再无法想了。那时正值我家把我和我弟祖植半年的学费三百元寄到，我们就向家兄祖虞商量，先把此款归我带去。总算起来，统共不过一千七八百元。

依我们当时的计算，日本邮船价廉，……我们到英国时至少还可以有好几百元的余款。不料那时适因日俄战争，日本船不能乘，于是改乘德国船，三等舱位的船价每人三百元左右。……我们在上海又须得耽搁一阵，因为丁庄二君的家款都约定在上海交付。……到我们〔在上海〕上船赴英国的时候，我们三人手中只剩了十多个金镑……

三个青年人身边只有十几个金镑，就大胆地上了船，开始他们万里求学的冒险旅程了！

四　海上的救星

这三个大胆的青年，一路上"仍是花钱游玩，并不着急"。有一天，在君在船上听人说，蔼丁堡距离伦敦还很远，每人火车费要多少钱。他们估计手里的钱已不够买车票去会见吴稚晖先生了。他们这时候才着急起来了。

他们船上头等舱里有位姓方的福建客人，常常找他们三个人谈话。船到了新加坡，方先生约他们一同上岸去看林文庆先生。林文庆先生请他们吃饭，谈起康有为先生现住槟榔屿，船经过时，他们可以去看看这个戊戌维新运动的领袖。

到了槟榔屿，他们去拜访康有为先生。康先生见了他们，问了各人的情况，颇表示关切的意思，临别时送了他们十个金镑，还托他们带一封信到伦敦给他的女婿罗昌先生。后来罗昌先生收到他丈人的信之后，也寄了二十镑钱给他们。李祖鸿先生说:"康南海的赠金救济了我们途中的危险。……罗昌君的二十镑支持了我们不少的日子。……至于所赠的三十镑,我听见在君说,于南海先生逝世之前,他曾偿还一千元,以示不忘旧德。"

他们到了伦敦,当夜赶火车北去,到蔼丁堡见着吴稚晖先生,吴先生已给他们预备了住所。他们把他们的志愿和经济实况告诉了吴先生,吴先生替他们计划:他自己同庄文亚到利物浦(Liverpool)去过最刻苦的生活,因为庄家没有钱再接济他了。丁、李两人仍留在蔼丁堡学习英文,因为他们两家也许都还可以勉强筹点钱寄给他们。在三十多年后,祖鸿先生说:

> 在君和我所以不去〔利物浦〕,是恐怕那种〔最刻苦的〕生活不宜读书。若不读书,则不免失去了我们到英国来的目的。

在君自己也说:

> 我是一九○四年到英国去的。当时听见吴稚晖先生说英国留学有六百元一年就可以够用,所以学了几

个月的英文就大胆地自费跑了出去。到了苏格兰方始
知道六百元一年仅仅够住房子吃饭，衣服都没有着
落，不用说念书了。

——《苏俄旅行记》四，《独立》第一○七期

吴稚晖先生一生宣传"留学"，往往用他自己能忍受的刻苦生
活做标准，劝人往外国去留学。丁文江、庄文亚、李祖鸿三个
青年"受了这种引诱"，做了吴先生的信徒，冒了大险，跑了
出去。他们到了蔼丁堡，才明白"那种生活不宜读书"！吴先
生自己陪了一位信徒到利物浦去过苦生活。剩下的两位信徒决
心要在比较适宜的生活状态之下求点新学术，他们只好恳求他
们家里寄钱来救济了。

五　在英国留学七年

（1904—1911）

关于在君在英国的留学生活，李祖鸿先生写的《留学时代的丁在君》（《独立》第二〇八期）有很详细、很动人的纪录。在君自己的《苏俄旅行记》的"楔子"第四段（《独立》第一〇七期），写他在民国二十二年（1933）八月路过伦敦时"偷空到我十八岁进中学的乡镇去了一趟"的一个下午，足足写了四千字，真是写得有声有色，细腻亲切，是最有趣味的一篇文字。我现在写他留学英国的七年，全靠这两件资料。

在君自己有一段概括的叙述：

> 我是一九〇四年到英国去的。……幸亏〔在蔼丁堡〕无意中遇见了一位约翰·斯密勒医生。（李文误作

"司密士"，又注英文 Smith，似应作 John Smiller？）他是在陕西传过教的，知道我是穷学生，劝我到乡下去进中学。于是我同我的朋友李祖鸿同到英国东部司堡尔丁（Spalding）去。这是一个几百户的乡镇，生活程度很低。我一个星期的膳宿费不过十五个先令（合华币不过三十元一月），房东还给我补袜子。中学的学费一年不过一百余元，还连书籍在内。我在那里整整地过了两年：书从第一年级读起，一年跳三级，两年就考进了剑桥大学。

斯密勒先生是本地的绅士，他不但给我介绍了学校，而且因为他的关系，所有他的亲戚朋友都待我如家人一样。每逢星期六和星期（天），不是这家喝茶，就是那家吃饭，使我有机会彻底地了解英国中级社会的生活。

我是一九〇六年离开中学的，以后只有一九〇九年去过一次。

他在二十四年后又回到他的"第二故乡"去，还有不少的老朋友很热烈地欢迎他，很亲切地同他叙述二十九年前的旧

22

人旧事。有几段故事是应该收在这篇传记里的。

例如这一段:

> 出了学校向右手转不几步就到了维兰得河边的小
> 桥。当年我住在河的右岸，每天要经过此桥四次。从
> 寓所到学校不过十分钟，但是遇到雨雪也就很狼狈。
> 记得第一年冬天，鞋子穿破了，没有钱买新的。一遇
> 下雪，走到这座桥，袜子一定湿透了。从学校回家，
> 当然可以换袜子的。可是袜子只有两双，一双穿在脚
> 上，一双在洗衣坊里。没法子，只好把湿袜子脱下来
> 在火上烘。吃中饭的时候，往往湿袜子没有烘干，就
> 得穿上跑回学校上课去。

又如这一段:

> 出了药房门，沿河走去，早望见法罗（Farrow）
> 在门前等我。他欢天喜地地接着我进去。……他同我
> 向各处看了一遍:"这是你以前睡过的房子。这是你
> 教我解剖田鸡的临时试验室。……你同班最要好的几

个人都很好。司金诺得了文学博士，现任沙赖省最大的中学校长。……你记得吗？当你没有升级以前，第一都是他考的。等到你考在他前面，他不服气，到教员桌子去偷看你的卷子。看了之后，他反特别同你要好起来。"

又如这一段：

　　梅（May）贝迟同我去看班奈儿夫人，她今年八十二岁了。一进门看见她和她的第三、第五两个女儿坐在家里做活。……班奈儿夫人的第五个女儿对我说："你还练习钢琴吗？我记得你跟我学了两星期就能够弹 Home! Sweet Home!"我笑道："你不要挖苦我了。你难道不记得：后来在钢琴上弹那个调子的时候，我一点听不出。你气极了，就不肯再教我了？""不错。你的耳朵是差一点！"

在君和我都没有音乐的耳朵，他曾亲口告诉我这个笑话。

　　他在中学时，不但曾学弹钢琴，还曾学骑马。那天他去拜

访一位顾克（Cook）先生，老先生已成了疯子，老太太也龙
钟了，都不认识他了。他惘然地走了出来。

　　到了门口，一个白头的老仆对我说道："老太太
不认得你了，我却没有忘记你。你记得我在这边草地
上教过你骑马吗？""怎么不记得！你故意地把马打
得乱跑，几乎把我摔死！""哈哈！他们那时都说你
如何聪明，想不到你骑马那样不中用！"

但是在君骑马的本事并不是"那样不中用"。这一点，我
可以用他自己的话来说明。他在《漫游散记》的第七节（《独
立》第十四期），曾详细地叙述他学骑马的经验：

　　我十几岁在日本的时候，就到体育会去学骑马。
教授站在场子中间，拿一根长绳子拴住马，再拿一根
很长的鞭子把马打了转圈子跑。初学时，马跑得慢。
以后逐渐加快。等到练习了许多时，马跑快了也掉不
下来，教授就叫你把脚蹬去了骑。再等几天，不但脚
蹬去了，缰绳也得放下，两只手先交叉在前胸，再交

叉在后背，单靠两条腿夹住马背。我初学的时候进步
得很快。但是到了把脚蹬去了，就常常要掉下来。等
到把缰绳放了，一两分钟之内一定摔在地上。学来学
去，一点进步也没有，一失望就不学了。

这是他在日本学骑马的经验，可以补充李祖鸿、汤中两位先生
的追忆。以下他叙述他在英国学骑马的经过：

　　"到了欧洲，七年不骑马"，——他忘了那个仆
人在草地上教他骑马的事了。——"从前所学的一点
工〔功〕夫都忘记了。一直等到要回国来的那一年，
为预备旅行，又到马术学校去上课。那里的教法没有
日本的复杂。你骑上马，教员在旁边看着。先颤着小
走，再颤着大走，再学奔驰。等到奔驰不至于容易摔
下来，就教你打着马跳过一根离地二三尺高的木杠。
我学的成绩和从前一样，起初学得很快，但是到了奔
驰的时候总不免要摔几跤。一到跳木杠子，没有一回
能够骑住！"

他自己的结论是:"一个人为天才所限,纵然积极训练,到了相当的程度以后,很难再向前进一步的。"

* * *

在君说他在中学两整年,"一年跳三级①,两年就考进了剑桥大学。"但他在剑桥大学只住了半年,就决定离开了。他离开剑桥,主要原因是经济上支持不了。他那时还只靠家中寄钱,其中一部分是泰兴县的公费。他曾上书给两江总督端方,端方曾指令泰兴县每年津贴几百元的公费(见文涛先生文)。但剑桥大学的生活不是一个穷学生担负得起的,所以在君在一九〇六年的年底就决定不再进剑桥了。因为英国学校的学年中间,不能改进别的大学,他就到欧洲大陆去游历,在瑞士的罗山(Lausanne)住得最久。

一九〇七年夏天,他到苏格兰的葛拉斯哥(Glasgow),他自己在本城的工科学院(Technical College)预备明年考伦敦大学的医科,又邀他的朋友李祖鸿来进本地的美术学校。

一九〇八年,在君考伦敦大学的医科,有一门不及格。这

---

① 文渊按:在君家兄在中学跳级的时候,获得好几个紫铜奖章,圆形,约有二寸的直径,我在他回国后,看见过多次。

是他一生不曾有过的失败。他从此抛弃了学医的志愿，改进了葛拉斯哥大学，专习动物学，以地质学为副科之一。到了第三年（宣统二年，1910），他的主科动物学之外，还有余力，他又添了地质学为主科，地理学为副科。"到一九一一年，他是葛拉斯哥大学的动物学和地质学双科毕业。"（见李祖鸿文）

他在葛拉斯哥大学的时期，得中国驻英公使汪大燮的帮助，补了每月十镑的半官费。到最后的一年，他有补全官费的希望。但他因为将要回国，请求把官费让给李祖鸿。李君不但补了全官费，还领得一九一一年一月到五月追补的官费一百多镑。李君和在君留英七年，总是有无相通的，他知道在君性好游历，屡次游历欧洲大陆，还想回国时游历中国内地，所以他就把这补领的一百多镑送给在君，作为旅行中国内地的游资。于是丁在君就在一九一一年的四月离开英国，五月初经过西贡海防，搭最近刚通车的滇越铁路，进入云南，五月十日到劳开——滇越路的第一天的宿站，在红河的右岸，对岸的河口就是云南的地方了。他在那一天记着：

我在一九一一年五月十日……到了劳开，距我出国留学的时候，差不多整整的七年。

六　第一次中国内地的旅行

在君的第一次中国内地旅行，见于他的《漫游散记》的第一部分。（《独立评论》第五、六、八、九、十期。）

五月十二日，他到了昆明。那时叶浩吾先生（瀚）在云南高等学堂做监督，他指导在君改服装，做铺盖，雇人伕。他在昆明住了两个多星期。五月二十九日上午，他装了假辫子，留了小胡子，穿上马褂袍子，戴着黑纱的瓜皮小帽，同九个伕子，及云南提学使派的两名护勇，从昆明出发。

他走的路线是从昆明过马龙、沾益、平彝，入贵州省境，经过亦资孔、毛口河、郎岱、安顺，到贵阳。从贵阳经过龙里、贵定、清平、施秉、黄平到镇远。他的一个同乡从云南普洱府知府任上回籍，约他在镇远候他同坐民船下沅水、沅江，到湖南的常德。在常德，他同他的同乡分手，他自己雇小火轮到长沙。从长沙到汉口，经过上海回家。

从昆明到镇远，陆路走了一个月，六月二十九日才到镇远。七月六日从镇远坐船，七月十三日到常德。他的游记没有说明他用的是阳历或阴历，有时他说"一九一一年五月十日到了劳开"，有时他说"宣统三年六月二十九日到了镇远"。那年阴历有闰六月，而他的游记从没有提及闰六月，故我们可以断定他用的是阳历。阳历五月二十九日从昆明出发，已是阴历五月初二日了。七月十三日到常德，已是阴历六月十八日了。他经过长沙、汉口、上海①，他到上海大概在阳历的七月底，阴历的闰六月初了。

我的朋友房兆楹先生和他的夫人杜联喆女士合编的《增校清朝进士题名碑录》的"附录一"有"宣统三年游学毕业的进士名录"，其年"五月"有周家彦等五十七人的名录（页

---

① 文渊按：在君家兄从汉口回家乡，没有经过上海。他是从汉口坐江轮直达南京。当时我奉了先父之命（我那时十五岁），同了一个有旅行经验的男仆，早先到了南京，去接候他。那时同镇（黄桥）他的友人朱先志，是日本士官毕业生，在南京新军当管带。家兄和他是在日本认识的。家兄到了南京，他大为招待，每次也有我。我们以后从南京坐江轮回泰兴，到八圩港下轮船，换乘民船去黄桥。

二四三——二四四），地质学者丁文江、章鸿钊、李四光①三人也在此五十七人之内。依上文的年月推算，丁文江在宣统三年旧历五月，还正在云南、贵州旅行，绝不会在北京应游学毕业的考试。据房先生的自序，游学毕业进士的名录是从《学部官报》及《东方杂志》采辑出的。此中可能有学部汇报国外留学生毕业名单，而被误列为游学毕业进士名录的。在君游记里的年月至少可以帮助订正房、杜两先生的书中这一榜的错误，这一点是值得指出的。

在君的第一次内地旅行最可以表示他的毅力、勇气、观察力。他带了许多书籍仪器，不走那最容易的海道，偏要走那最困难的云南、贵州的长途，——"每天所看见的，不是光秃秃的石头山，没有水，没有土，没有树，没有人家，就是很深的峡谷，两岸一上一下都是几百尺到三千尺；只有峡谷的支谷里

---

① 文渊按：家兄回家后，少住，就赶去北京，应游学毕业考试，大约在阴历八月的时候。地质学者李四光绝不在内，房先生于此，必有错误。李四光先生在武昌起义以后，曾任教育厅厅长，以后自请以官费留学英国，习地质。我在一九一九年秋天到了英伦的时候，曾和丁巽甫去访问他，他在另一小城，已忘其名。家兄考中进士以后，回家的时候，就顺道到了苏州。他为省钱起见，就在苏州和家嫂史久元女士结了婚，那时家嫂父母双亡寄居在其六婶左太夫人处。

面，或是石山的落水塘附近，偶然有几处村落"，"通省（贵州）没有车轮子的影子。"

他从平彝起，"就自己用指南针步测草图，并用气压表测量高度。"他发现了武昌舆地学会的地图，商务印书馆的"最新中国地图"，以及英、德、法、日文的一百万分之一的地图，都还是根据康熙年间天主教教士所测的地图做蓝本，所以"一条贯通云贵两省的驿道，在地图上错误了二百多年，没有人发现"。

他这次旅行不算是调查矿产地质的旅行，只是一个地理学者的旅行，作为他后来在西南调查矿产地质的准备。他在贵州的黄果树，恰巧逢着"赶场子"的日子，看见许多奇装异服的女人，引起了他注意到贵州的土著民族，独家子、青苗、花苗等。他自己说："这第一次与西南土著民族的接触，很引起了我对于人种学的兴趣。"（民国三年，他第二次来游，才开始做西南人种学的研究。）

作为地理学者的旅行，他的一篇《一千五百里的水路》（《独立》九期），记沅水与沅江，是一篇很美、很有趣味的游记。例如这一段：

在黔阳城西，沅水的正源从西来会〔合氵舞水〕。氵舞水的颜色是红黄的，沅水是清的，所以沅水又叫做清水江。两条水会合的地方，清水与混水合流，界限起初看得很明白，一直到城南，方才完全混合。

这样能作细密观察的一位地理学者，只因为要挑出一些"比较有兴趣的事情，给适之补篇幅"，所以他描写贵州人民吃盐的法子，偶然不小心，说的话就引起贵州朋友的抗议了。在君说：

我一到了贵州境内，就看见辣子，少看见盐粑。大路边的饭铺子，桌上陈列的是白米饭、辣子、豆腐、素菜，但是菜里面都没有一颗一粒盐屑。

在君死后，我的贵州朋友"寿生"先生曾指出，辣子同盐分不得家，丁先生看不见菜里有"一颗一粒盐屑"，正同他看不见辣子的咸味一样，"谁见过有盐屑的菜！"（寿生《文人不可知而不作》，《独立》第一九六期）贵州人吃盐比江浙人吃得更咸，"食时菜数越少，吃盐越重"。外省游人单用眼睛去看，不用嘴去尝，所以说错话了。

＊　＊　＊

在君从常德坐小火轮到长沙，为的是要拜访他的恩师龙研仙先生。据朱经农记得的在君游南岳时，有一首诗说：

> 海外归来初入湘，长沙拜谒再登堂。
> 回头廿五年前事，天柱峰前泪满腔。

从一九一一年七月到一九三五年十二月，可以说是二十五年前的事了。

在君回到家乡，大约在七月尾。七十多天之后，武昌革命就爆发了。丁文涛先生说：

> 弟自英学成归国，适辛亥革命，邑中警报频传，不逞之徒乘机煽乱，萑苻遍地。弟抵里，倡编地方保卫团。经费不给，则典鬻以济之，又手定条教，早夜躬亲训练，以备不虞。卒之市民安堵，风鹤不惊。

七　地质科科长

　　——地质研究所
　　——北大地质系

　　民国元年，在君在上海南洋中学教了一年书。他在这一年中，用生物演进的观点写了一部很好的《动物学教科书》。他的扬子江、芜湖以下的地质调查，好像也是这时期调查的。这一年，他把他的四弟文渊带到上海。文渊那时十四岁，"没有进过学校，没有学过英文，无法考入上海的中学，只好进了当年同济的附属德文中学"。文渊的自述如此（见他的《文江二哥教训我的故事》，香港《热风》半月刊二十二期，一九五四年，八月一日），使我们回想，如果在君当年没有被龙知县救援出来，他的一生事业也许会被埋没在那个风气闭塞的泰兴县里了。

　　民国二年的二月，在君到北京，做工商部矿政司的地质科科长。那时张轶欧先生做矿政司司长，他是一位有远见的人，认识地质学的重要，在君和章鸿钊、翁文灏，都是他先后邀到工商部去的。张轶欧的计划是要筹办一个中国地质调查所。但当时中国缺乏地质学的人才，一般人士对于地质学的重要，毫无认识。当时北京大学因为地质一门招不到学生，竟把原有的地质门停办了！

在君说："我这一科里有一个佥事，两个科员，都不是学地质的。'科'是一个办公文的机关，我的一科根本没有公文可办。我屡次要求旅行，部里都说没有旅费。只有两次应商人的请求，由商人供给旅费，〔我〕曾做过短期的调查。"地质科科长没有旅行调查的经费，当然没有开办地质调查所的希望了。

在君对于中国地质学的第一步贡献是在训练地质学的人才。他利用了北京大学停办地质门的机会，把北京大学地质门原有的图书标本借了过来，由工商部开办一个地质研究班，后来称为地质研究所。他把北京大学原有的一个德国教授梭尔格（Solger）请来帮忙。后来翁文灏先生从比国回来，就在地质研究所做主任教授。民国三年以后，在君自己担任教古生物学。"这是中国人第一次教古生物学。"

翁先生说地质研究所时代的丁在君的教学法：

　　他（在君）竭力主张注重实地观察。他以为平常
习惯由一个教授带领许多学生在一学期内做一次或两
次旅行，教授匆忙地走，学生不识不知地跟，如此做
法决不能造成真正地质人才。他以为要使学生能独立
工作，必须给他们许多机会，分成小组，自成工作。
教授的责任尤在指出应解决的问题，与审定学生们所
用的方法与所得的结果。他不但如此主张，而且以身
作则，有很多次率领学生认真工作。他的习惯是登山
必到峰顶，移动必须步行。

　　在君先生的实地工作，不但是不辞劳苦，而且是
最有方法。调查地质的人，一手拿锤打石，一手用指
南针与倾斜仪以定方向，测角度，而且往往须自行测
量地形，绘制地图。这种方法，他都一丝不苟的实
行，而且教导后辈青年也尽心学习。

这个地质研究所是民国三年开办的，民国五年毕业。毕业
的学生就在地质调查所担任各地的调查工作。其中成绩最好的

人，逐渐被挑选送到国外去留学。中国地质学界的许多领袖人才，如谢家荣、王竹泉、叶良辅、李捷、谭锡畴、朱庭祜、李学清诸先生，都是地质研究所出来的。

地质研究所在民国五年以后，仍由北京大学收回，重办理科的地质学系。当时在君同北大校长蔡元培先生商定，北大恢复地质学系，担任造就地质人才的工作，地质调查所专做调查研究的工作，可以随时吸收北京大学地质系的毕业生，使他们有深造的机会。

因为这种渊源关系，在君对于北京大学的地质学系总是很关切的。北大恢复地质学系之后，初期毕业生到地质调查所去找工作，在君亲自考试他们。考试的结果使他大不满意。那时候，他已同我很熟了，他就带了考试的成绩单来看我。他说："适之，你们的地质系是我们地质调查所的青年人才的来源，所以我特别关心。前天北大地质系的几个毕业生来找工作，我亲自给他们一个很简单的考试，每人分到十种岩石，要他们辨认。结果是没有一个人及格的！你看这张成绩表！"

我看那表上果然每人有许多零分。我问他想怎么办。他说，"我来是想同你商量：我们同去看蔡先生，请他老人家看看这张成绩单。我要他知道北大的地质系办的怎样糟。你想他不会怪我干预北大的事吧?"我说,"蔡先生一定很欢迎你的批评,绝不会怪你"。

后来我们同去看蔡先生,蔡先生听了在君批评地质系的话,也看了那张有许多零分的成绩单,他不但不生气,还很虚心地请在君指教他怎样整顿改良的方法。那一席谈话的结果,有两件事是我记得的。第一是请李四光先生来北大地质系任教授。第二是北大与地质调查所合聘美国古生物学大家葛利普先生(Amadeus William Grabau,1870—1946)到中国来领导古生物学,一面在北大教古生物学,一面主持地质调查所的古生物学研究工作。

这是民国九年(1920)的事。

葛利普先生不但果然来了,并且在中国住了二十六年,他死在中国,就葬在北大的地质馆的大门前。葛先生来中国主持古生物学的教授与研究是中国地质学史上一件大事。在君自己曾略述葛先生的事迹:

> 葛利普先生是德国种的美国人。他的祖父和父亲都是牧师,他却极端反对神秘宗教。他原在哥伦比亚大学当了十六年的教授,到一九一七年美国加入了欧

战，各大学纷纷的发生反德运动，他遂被革了职出来。一九二〇年他到中国来任北京大学地质系的教授，兼地质调查所的古生物主任。他不但是工作极勤而且是热心教育青年的人。当北京大学屡次索薪罢课的时候，他总把地质系的学生叫到他家里去上课。他因为风湿病的缘故，两腿不能走动，手指也都肿胀，然而他的工作比任何人要多。

——《苏俄旅行记》一，《独立》第一〇一期

在君死后，他的北大助教高振西曾指出葛利普先生教育出来的古生物学人才之多。他说：

今日之中国古生物学家，如孙云铸、杨钟健、斯行健、黄汲清、张席禔、乐森璕、田奇俊、朱森、陈旭、许杰、计荣森等，直接为葛先生之高足，而间接为丁先生之所培植。

——高振西译葛利普的《丁文江先生与中国科学之发展》，注三。《独立》第一八八期，页二二

八　民国初年的旅行

　　——太行山与山西铁矿

　　——云南与四川

　　民国二年十月，南通张季直先生（謇）到北京就农商部总长之职。（原有的工商部和农林部合并为农商部。）他是提倡当时所谓"棉铁政策"的。他的次长是武进刘厚生先生（垣），也是实业家，又是矿政司司长张轶欧早年在南洋公学时的国文教员。轶欧极力向这两位新首长陈说设立中国地质调查所的重要。据厚生先生的记载，他做次长只做了三个月，民国三年一月底就因母丧回南了，但地质调查所的开办费经常费的预算都已提出国务会议通过了，他还"依照张轶欧的计划，用种种方法筹到五万元一笔款子，作为地质调查所的开办经费"。他说，他虽然没有见过丁文江的面，——因为他到山西调查矿产去了，——但张轶欧已推荐他做地质调查所所长。厚生先生并且在临走之前，郑重地嘱托张季直先生注意这个地质调查所，不可被人破坏。

在这个时候，在君和德国地质学者梭尔格（Solger）正在太行山里旅行。在君十一月十三日到井陉矿务局的总机关所在地冈头村，与梭尔格会合。他们先在冈头同做了三天的调查研究，然后决定分工的计划，梭尔格调查凤凰岭以北，在君调查凤凰岭以南。他们把井陉一带的地形和地质调查明白了，于十一月二十六日会同从井陉步行到娘子关。因为下大雪了，他们改坐火车到太原，在太原住了两天，十一月三十日到阳泉。他们花了八天工夫，调查正太铁路附近的地层次序，煤矿的价值。然后他们决定梭尔格担任测绘铁路以北的地图，东到太行山边，西到寿阳，北到盂县；在君担任测绘铁路以南的地质图，东到太行山边，西到煤系以上的地层，南到昔阳的南境。

在君的路线是：十二月九日离开阳泉，经过义井、南天门，到平定；由平定上冠山，经宋家庄、锁簧、谷头、立壁，东上到浮山；从浮山南坡下来，到昔阳。又从昔阳顺南河，到柴岭，东南到蒙山，东北到凤凰山，然后北上风火岭，到张庄；再经马房、立壁、西郊、东沟、白羊墅，于十二月二十三日回到阳泉。

在君自己说:"我初次在北方过冬,御寒的衣具本来不完备,而这两星期中,早上出门的时候,温度平均在零度以下八度,最低的时候到零度以下十八度。上浮山遇着大雪,上蒙山遇着大风,——在蒙山顶上十二点的时候温度还在零度以下十度,所以很苦。但是这是我第一次在中国做测量工作,兴趣很好。回想起来,还是苦少乐多。"

他的游记的一部分,——不太专门的一部分,——见于他的《漫游散记》第六、七、八章(《独立》第十三,十四,十六期)。他这一次调查旅行的记录有三个最重要之点:第一是他指出"太行山"一个名词应该有新的地理学上的定义:那从河南的济源、沁阳,到河北的阜平,山脉是南北行的,那才是真正的太行山。从阜平起,山脉转向东北,绕到北平的北面,再向东连到山海关,这一段地质的构造极其复杂,与太行山本身不同,应该叫做燕山。他附带的指出,太行山的"八陉",根本没有道理。其中军都陉(即居庸关)、飞狐陉、蒲阴陉(即紫荆关),都在燕山,而不在太行山;而穿过太行山的路没有一条比得上井陉的重要。

第二点是他指出,中国传统地理学把山脉当做大水的分水岭，是与事实不符的。例如唐河、滹沱河、漳河，"都从山西穿过太行，流到河北"。又如棉水、沾水，也都穿过太行。在君说："可见得这些水道都与现在的地形有点冲突。研究这种水道的成因，是地文学上极有趣味的问题。"

第三点是，他的调查报告是中国地质学者第一次详细地证实山西的"平定、昔阳的铁矿不容易用新法开采，所以没有多大的价值"。德国的地质学家李希霍芬男爵（Baron Ferdinand von Richthofen，1833—1905）在太平天国乱后来游历中国，回去后发表了三大册的报告，其中说到"山西真是世界煤铁最丰富的地方：照现时世界的销路来算，山西可以单独供给全世界几千年"。在君自己说他民国二年到山西调查铁矿，"抱了极大的希望，……以为这一定是亚洲的罗伦（法国最大的铁矿）。"等到他到了阳泉，"在正太铁路以北，天天同梭尔格钻那些土法开采的铁矿洞子，没有看见有 0.6 公尺以上的矿床……矿床不但厚薄不均，而且并不成功有规则的层次。我渐渐地悲观起来。"等到他调查了阳泉以南的地质，"才晓得在阳泉所见的已经是平定、昔阳铁矿最好的一部分。越向南，铁矿越少，越不规则。……我才觉悟平定一带的铁矿在新式的矿冶业上不能占任何的位置。"所以他这一章游记题作《有名无实的山西铁矿——新旧矿冶业的比较》(《独立》第十六期)。他在这一章里详细记载"把铁矿放在泥罐子里,堆在无烟煤里焖出铁来"的土法,他说,"我们不能不五体投地地佩服我们老祖宗的本领!……平定一带既缺乏木炭,又没有可以炼焦炭的烟煤,若不是发明了这种'焖炉',根本就不能出铁。"但这种土法是很浪费铁矿的,而且炼成的铁品质很坏,所以"完全说不上与新式工业比较竞争"。

后来农商部又请了几个瑞典地质学者安特生、丁格兰等调查国内的铁矿。地质调查所的中国地质学者也参加,并继续这种调查工作。到民国十年(1921),调查所把多年调查的结果编成一部《中国铁矿志》。翁文灏先生曾在《中国地下富源的估计》(《独立》第十七期)里总括民国十年的估计如下:

> 全国铁矿砂总储量是九万七千万吨,其中辽宁一省却占了七万四千万吨。除了辽宁,在关内的只有二万三千万吨。就连辽宁在内,照美国每年要开采一万万吨的比例,也九年便可开完。所以中国的铁矿真不算多。

* * *

在君于民国二年十二月底从山西回到北京，第二天就奉到命令，派他到云南去调查云南东部的矿产。这时候他的父亲吉庵先生死了，他回到家乡，办完父亲的葬事，于民国三年(1914) 二月三日从上海出发，取道香港、安南，乘滇越铁路，于二月十三日再到昆明。他这一次单身作西南地质矿产的调查，走了一年，到民国四年（1915）初，才回到北京。黄汲清先生在《丁在君先生在地质学上的工作》（《独立》第一八八期）里，曾略记这一次的独立调查旅行的路线及重要性如下：

> 丁先生第一次大规模的调查民国二至三年云南之
> 行。（适按，"二至"两字当删去。）他从安南入云南，
> 当即赴个旧看锡矿。随至昆明，复北行考查，经富
> 民、禄劝、元谋，过金沙江，至四川之会理。由会理
> 折而东南行，再渡金沙江，入云南东川府属考查铜
> 矿。复由东川东行入贵州威宁县，又折而南，经云南
> 之宣威、曲靖、陆良，而返昆明。

> 综其云南、四川之行，除研究东川会理之铜矿，
> 个旧之锡矿，宣威一带之煤矿外，曾作有路线地质

图，表示地层及地质构造，曾特别研究寒武纪，志留纪，泥盆纪，石炭纪及二叠纪地层，采集化石甚多，一部分已经地质调查所研究出版。丁先生之工作，一方面改正法国人 Deprat 的错误，一方面建立滇东地层之基础，为后来调查之基。

他在《漫游散记》的第三章以下，曾把这一次长期旅行的不太专门的部分写出来，共分五个大纲领：

一、云南个旧的锡矿　（《独立》第二十、二十一、二十三、二十四期）。

二、云南的土著人种　（《独立》第三十四、三十五期）。

三、四川会理的土著人种　（《独立》第三十六、四十二、四十六期）。

四、金沙江　（《独立》第四十八、五十二、八十三、八十四期）。

五、东川铜矿　（《独立》第八十五期。此题未完。他另有英文记东川铜矿，载在《远东时报》 *Far Eastern Review*，November，1915）。

他的任务是调查云南东部的矿产，个旧本来不在他的调查路线之内。但他觉得到了云南而不到个旧是可惜的，因为中国产锡占世界产锡的第三位，而个旧产锡占中国产额的百分之九十四五。所以他决定在向东去之前，先到个旧去看看。他在个旧调查了近两个月——二月十九到四月十二日——他的四篇个旧游记，写个旧的地形，锡矿的分布，土法采矿冶金业的大成功及其成功的天然因素，土法采矿的缺点，个矿采矿工人的痛苦生活，都是最有力量的游记文字。

例如他写背矿的工人：

> 背矿的工人用一个麻布褡裢口袋，一头装上二十五斤矿砂，前后的搭在肩上。右手拿一根一尺多长的棍子做拐棒，……头上裹一块白布的包头。包头右边插一根一尺长的铁条，上挂着一盏油灯。包头左边插一根四寸多长的竹片或骨片。背矿出洞，一步一喘，十步一停。喘的声音几十步外都听得见。头上流下的汗把眼睛闭着了，用竹片抹去，再向前挨着爬走。洞子里的温度当然比洞外高。走到洞口，浑身上下都是汗，衣服挤得下水来。凉风一吹，轻的伤风，重的得肺炎肺痨。尤其是未成年的童丁容易死亡。工人的住

处叫做伙房，是一间土墙的草棚，几十个人睡在一
处。我曾在银洞的伙房里睡过一夜，终夜只听见工人
咳嗽的声音，此停彼起，……我一直到天明不能
合眼。

这样描写工人生活的文字是应该可以引起社会抗议的喊声同劳
工待遇的改革的。

在君写云南的土著民族和四川会理的土著民族的几篇文字
是他研究人种学的开端。他在前三年旅行西南时已注意到西南
的土著民族了，这一次匆匆准备作矿产地质的调查，竟忘了作
人种学研究的准备。所以他四月中从个旧回到昆明，在购买牲
口、雇用伕子的十天之内，他用英国皇家学会的《旅行者指
南》里的图样，请云南兵工厂给他做了一副量圆体径的曲足规
（Callipers），加上几件普通测量用的仪器测杆，皮尺，这就是
他研究人种学的工具了。

在《漫游散记》里，他记录了他测量栗苏、青苗、罗婆、
罗倮四族人的结果。这里还有他会见苦竹土司太太禄方氏——
那位"我生平所见东方人中少有的美人"——的一段有趣味
的故事。

在君死后，吴定良先生有《丁在君先生对于人类学之贡献》一文（《独立》第一八八期），指出他曾计划《中国人体质之分类》的研究论文——

> 七八年前，在君先生即开始搜集材料，计共六十五组。其中由在君先生亲自测量者十四组，约共一千一百余人，尤以蜀、黔、滇等省边境诸土著民族测量材料为最可贵。又在君先生与许文生（Stevenson）、葛内恩（Graham）两教授共同测量者两组。其余则为他人测量而经在君先生详细校审认为可作比较资料者。

吴先生又说：

> 人体测量学之价值全视其测量之正确度而定。在君先生平时对于此点特别注意。其所采用之材料，据许文生氏言，曾费半年时间检验各组测量数值。如某组或某项测量有可疑或欠准确者，必尽使除去。其治学之精严如此。

测量之结果又视分析方法而定。在君先生所采用之方法有三种，皆统计学上认为最精确者。此实国内用数量方法研究科学之先导也。

在《庆祝蔡元培先生六十五岁论文集》下册，在君有一篇英文的论文，题为 *On the Influence of the Observational Error in Measuring Stature，Span and Sitting-Height Upon the Resulting Indices*，即是用三十六组材料，比较两种指数之价值。此两种指数，一为人的"立高"对"两臂展开宽度"之比较，一为人的"立高"对"坐高"的比数。此文中应用潘匿托斯基氏公式（Poniatowski's Formulas）证验两种指数是否曾受测量错误的影响。此文的结论是：一、就两种指数价值而论，"汉人"（原文 Chinese）与中国各地之"非汉人"（原文 Non-Chinese）之体质有显著的区别；二、证明此三十六组之指数并未受测量错误的影响。（此三十六组中，二十一组为"汉人"，十五组为"非汉人"。）

在君用统计学的方法治学，并不限于人种学的研究。民国十二年他发表了一篇《中国历史人物与地理之关系》（《科学杂志》八卷一期，《东方杂志》二十卷五期），就是试用统计学的方法来看中国历史。

最精密又最有成绩的，是他用统计学的方法来研究古生物。民国二十一年（1932），他在《中国地质学会会志》第十一卷发表了他的《丁氏石燕及谢氏石燕的宽高率差之统计研究》（英文原题为 *A Statistical Study of the Difference between the Width-height Ratio of Spirifer tingi and that of Spirifer hsiehi*）。黄汲清先生说："此文用统计学方法定两种石燕之区别。此种方法亦可应用于他种古生物之研究。"

九 丁在君与徐霞客

在君的西南游记之中，最富于文学趣味的当然要算他写金沙江的几篇文字。他写金沙江，用徐霞客（名宏祖，江阴人，生于万历十四年，死于崇祯十四年，1586—1641）开头：

> 最早知道金沙江是扬子江的上游的是徐霞客。他的《江源考》说的最明白："发于南者（指昆仑之南）曰犁牛石，南流经石门关始东折而入丽江，为金沙江；又北曲为叙州大江，与岷山之江合。"他于崇祯十一年（1638）十一月十一日到武定，十二月一日到元谋的官庄。他走的路和我的大致相同。可惜从十一月十一日起到十一月三十日止他的游记残缺，他对于金沙江的直接观察已没有纪录存在。

他最佩服徐霞客，最爱读他的游记，他这一次去西南，当然带了《徐霞客游记》去做参考。他后来（民国十年）在北京的"文友会"用英文讲演徐霞客，特别表彰他是中国发现金沙江是扬子江上游的第一个人。在民国十五年，他在《小说月报》（第十七卷号外）上又特别表彰这部空前的游记。他对于这位十七世纪的奇士，费了很多的工夫，整理他的《游记》，给《游记》做了一册新地图，又做了一篇很详细的《徐霞客年谱》，民国十七年由商务印书馆印行。（《年谱》又附印在商务印书馆的《国学基本丛书》的《徐霞客游记》的后面。）

丁在君是我们这个新时代的徐霞客，这是我们公认的。他最惋惜徐霞客的《金沙江游记》散失了，使我们不能知他在三百年前"对于金沙江的直接观察"。在君自己记载金沙江的几篇文字，可以说是有意弥补那个大缺憾的。他在一九一四年五月十日，第一次望见金沙江。他这样记载：

    五月十日从石腊他岔路向西北，走不到十公里，
经过杨家村西的大岭，高出海面二千七百六十公尺。
从峰顶向北，已经望见金沙江。江水出海面不过一千
一百公尺，比我在的高峰要低一千六百多公尺，比从

泰山顶上看汶河还要高二百公尺,而江面离我所在的地方不过二十多公里。从南向北的坡度在百分之六左右。从峰顶北望,只看见一条条的深沟狭谷,两边的峭壁如刀切斧削的一般。加之岩石全是红绿色的砂岩,与远望见红黄色的江水两相映照,真是奇观!

五月二十日,他到了金江驿,下午的温度是摄氏三十七点五度,比人的体温还要高。"太阳一落,我就跑到金沙江边上脱去衣服,浸在江水里。……不多时,一村子的人老老少少都走到江边来看稀罕:'江水里怎么可以洗澡!不怕受凉吗?'直到我回寓睡觉了,还听见房主人在那里议论:'委员真正自在!当着许多人,脱了衣服就下水,也不怕人笑话!'"这是三百年前的徐霞客不敢做的快事。

在君自己记他旅行的情形:

> 我每天的习惯,一天亮起来就吃早饭,吃完了就先带着一个向导,一个背夫,独自一个上路。铺盖、帐篷、书籍、标本,用八个牲口驮着,慢慢在后面走来,到中午的时候赶上了我,再决定晚间住宿的地

方，赶上前去，预备一切。等到天将晚了，我才走
到，屋子或是帐篷已经收拾好了，箱子打开了，床铺
铺好了，饭也烧熟了。我一到就吃晚饭，一点时间都
不白费。

这样每天从天亮到天将黑的山路旅行、测量、调查，已很够辛苦了。在君的任务是调查矿产，但他的科学兴趣是测量地形与调查地质。他那时正在年富力强的时期，他要看徐霞客所不曾看见，他要记徐霞客所不曾记载。所以他那一次独自旅行云南、四川、贵州的游记是最奇伟的游记。他走遍了在云南、四川交界地方的金沙江的西岸与东岸的高山与深谷。

金沙江在这一带的西岸有四道从东北向西南的高山：第一道是高出海面三千公尺的鲁南山，第二道是高三千二百多公尺的望乡台，第三道是同样高的大银厂，第四道是高三千公尺左右的大麦地。

金沙江的东面有一条很重要的支流，叫做小江。小江的东岸是一道南北行的大山，最高的峰叫做古牛寨，出海面四千一百四十五公尺，是滇北最高的山。从古牛寨到小江不过十公里，而小江比古牛寨要低三千公尺，——在君说，"这可算是

中国最深的峡谷，比美国著名的高老拉多（Colorado）高峡谷（Grand Canyon）还要深一千三百多公尺。"

小江入金沙江的地方（东川西二十五公里的象鼻村北）向南三十公里，又是一片大山，东西长三十多公里，南北也几十公里。在君用"大雪山"的名词来代表高山带的全部。山顶各峰平均也都在四千公尺左右。

在君于民国三年六月十九日走向鲁南山。六月二十日下鲁南山，到了云南巧家县的岔河，岔河在望乡台与大银厂两大山之间的峡谷。他走上望乡台、大银厂两条梁子顶上去测量地形，又从铁厂走大麦地小路到盐井。他写他在大麦地梁子顶上的情形如下：

> 从铁厂到大麦地梁子，要上九百公尺；从大麦地到盐井，要下二千公尺。沿路还要测量，一天是万万走不到的。路上人家极少，没有地方可住，一定要带上帐篷。
>
> 第一晚在大麦地梁子顶上打野。上到顶梁的时候天还没有黑，望得很远。向东望得见二千二百公尺深的金沙江，并且看见江中心的石头，——著名的将军

石和江心石。向南望得见普渡河的深谷。江边树木夹
着灰色的石头。再上岩山变为红绿色，树木完全没有
了。到了对岸的二千公尺，岩石又变为黄色。红黄色
的江水在一条狭槽子里流着，两边是一千多公尺的峭
壁。真是天下的奇观。

这些山——梁子——都在金沙江的西岸。在君于六月二十
七日在盐井过金沙江，考察旧东川府属的铜矿四大名厂：大
水、汤丹、落雪、茂麓。

他在这些产铜的地方调查了十二天。"我因为要看看大雪
山，所以不走近路，走远路；不走平路，走山路。"他由大水，
向西上坡到二千九百公尺，已经是大雪山的最东北的一部分
了。从此上下坡各三次，才到茂麓。从茂麓到落雪，正走着大
雪山的北边。在这路上，在君说，有一段上坡到二千九百公
尺，"坡既奇陡，奇窄，下雨以后又奇滑，真正是普天之下最
难走的路。"他在一个三千公尺的高原上搭起帐篷过夜。那地
方叫做长海子，他在长海子西北三千一百公尺的高点上，西北
望可以望见金沙江西岸的悬崖绝壁，江中的将军石，江心石，
江外的大山，却望不见江水。从长海子向东南，再向东，到大

风口，出海面三千七百公尺，比大雪山顶低得很有限了。下去就到落雪铜厂了。在君说：

> 大水到落雪，不过八公里。要不是绕茂麓和大雪山，不要半天就可以到了。因为绕路，一走就是四天。

在君还要研究大雪山的东部，又从落雪向南，又走上了大雪山的腰带哨，高三千七百公尺，"是我在大雪山所到最高之点"。

大雪山在金沙江的东岸，小江的西岸。在君从腰带哨下来，经过白锡腊，到了汤丹，这是四大铜矿的最后一个矿了。七月十日他离开汤丹，要到东川县（旧会泽县）去。但他"要上古牛寨绝顶看看，所以一直向东，不走大路"。他在中厂河口上船过小江，去大寨上那滇北最高山顶——古牛寨。

从大寨一直往东，十公里有零，就到古牛寨山顶。但这十公里的山路要走一天半。最后一段，"是玄武岩（火成岩）所成的绝壁，百分之四十九的坡度，当然是无法可上的，所以我们……先向东南，再向东北，曲曲弯弯地绕着，到山北面，再向山顶。……上不到一半，已经找不着道，只好手足并用，慢慢地斜着上。上到顶一看，古牛寨是一个五百公尺直径的圆顶，最高的点偏在西边，高出海面四千一百四十五公尺，是我在中国所登的最高山峰。"（一公尺等于三点二八英尺。古牛寨高四千一百四十五公尺等于一万三千五百九十五英尺。）

*　*　*

徐霞客的最后一次"遐征"，开始于崇祯九年（1636）九月，到崇祯十三年（1640）夏天才回家，在途差不多四年。第一年从浙江入江西，从江西入湖南。第二年从湖南入广西。第三年从广西入贵州，由亦资孔入云南，约在崇祯十一年（1638）五月。他在云南近两年，足迹北过鸡足山，到丽江；西过大理，到腾越。在君作《徐霞客年谱》，论这"最后之游"，说：

> 先生……家有遗产，衣食足以自给。百年已过其半，五岳已游其四，常人处此，必将弄孙课子，优游林下以卒岁矣。乃先生掉头不顾，偕一僧一仆，奋然西行，经苗猓异族之乡，极人所不堪之苦。遇盗者再，绝粮者三。百折不回，至死无悔。果何以使之然

60

哉？……盖尝考之。陈函辉为先生作墓志言："霞客
不喜谶纬术数家言，游迹既遍天下，于星辰经络，地
气萦回，咸得其分合渊源所自。云，昔人志星官舆
地，多以承袭附会。即江河二经，山脉三条，自纪载
来，俱囿于中国一方，未测浩衍。遂欲为昆仑海外之
游。"然则先生之游，非徒游也，欲穷江河之渊源，
山脉之经络也。此种"求知"之精神，乃近百年来
欧美人之特色，而不谓先生已得之于二百八十年前。
…………

徐霞客在三百年前，为探奇而远游，为求知而远游，其精神确
是中国近世史上最难得，最可佩的。但在三百年前人的求知标
准究竟不很严格。例如徐霞客的《江源考》说金沙江出于犁
牛石，自注云，"佛经谓之殑伽河。"又说，"云南亦有二金沙
江，一南流北转，即此江，乃佛经所谓殑伽河。一南流下海，
即王靖远征麓川，缅人恃以为险者，乃佛经所谓信度河也。"
玄奘改译恒河为殑伽河，改译新头河为信度河，两大河都在印
度。霞客认金沙江为恒河，认怒江为新头河，都是大错的。

在君在三百年后，独自在云南、川南探奇历险，作地理地

质的调查旅行，他的心目中当然常有徐霞客"万里遐征"的伟大榜样鼓舞着他。他后来用他的亲身经验和地理新知识来整理《徐霞客游记》，给他作详细地图，给他作"年谱"，并在"年谱"里一面表彰他的重要发现，一面也订正他的《盘江考》《江源考》里的一些错误。这就是他报答那位三百年前的奇士的恩惠了。

〔附记〕

在君于民国三年二月再入云南，到民国四年方才回到北京。《独立》纪念在君的专号里，有几位朋友提到在君此次旅行，颇有小误。如翁文灏先生说他"初认识在君是在民国三年，那时他刚从云南省调查地质回到北京"。这里"三年"是"四年"之误。翁君又说，"民国二至三年在君先生独自在云南省工作"。又黄汲清先生也说"丁先生第一次大规模的调查为民国二至三年云南之行"。这里"二至三年"都是"三至四年"之误。在君游记里说他"那一年（1914）的九月初"，在宣威到沾益的路上遇见一群衣服极破烂的难民，其中有人认识他，他才知道他们是个旧锡矿上的砂丁。他们告诉他，"外国人打起仗来了，大锡卖不掉，许多厂都歇了工。"这是他第一次得到欧洲大战的消息。这个故事不但可以旁证在君自记民国三年二月第二次入滇是正确的追记，并且使我们想象他专心致志地在万山中调查地形地质，全不知道天下国家的大事。云南诗人唐泰在那崇祯末期天下大乱的时代有诗送给徐霞客，说，"闭门不管乡邻斗，夜话翻来只有山！"

十　地质调查所所长

（1916—1921）

地质调查所是民国五年（1916）正式成立的。在君不但是第一任所长，还是最初负责筹备创立的人。他的筹备工作，第一步是设立地质研究所来训练地质调查的人才，第二步是他自己实行做大小规模的地质矿产调查。这两步工作，我在上文已有叙述了。

地质调查所本身的光荣历史，是中国科学史的一个重要部分，应该有专家的叙述，我是没有资格作这种叙述的。我在这里只能依据我从旁的观察，略述丁在君对地质调查所的个人贡献。

在君的最大贡献是他对于地质学有个全部的认识，所以他计划地质调查所，能在很短时期内树立一个纯粹科学研究的机构，作为中国地质学的建立和按步发展的领导中心。葛利普先生说得最好：

> 丁博士心目中的地质学极为广泛，范围所及，非只构成地球的材料，如矿物及岩石等，且包容形成及改动此种材料的种种动力，以及其渐渐演变之程序；进而对于地球之形状构造及经过历史等，全体作为研究之对象；更涉及自亘古以来，地球陆面以上以及海水之内的生物；各种生物演进之程序，及足以影响其发展、分布之各种因素，如地理、气候等，均在范围之中。

他计划中国地质调查所，就是依据他所认识的地质学历史发展的过程和现今的广大范围，来训练人才，延揽人才，支配人才。例如他知道中国当时最缺乏的是古生物学专家，他就同北京大学商量，把葛利普先生从美国聘来，使他在二十多年之中教练出许多中国青年古生物学专家，使调查所创办的《中国古生物志》在十五年中成为全世界有名的科学刊物。陶孟和曾说："仅就他对于地质学的发展一端来说，在君足可以称为学术界的政治家。"

在君的第二个最大贡献是他自己不辞劳苦，以身作则，为中国地质学者树立了实地调查采集的工作模范。他为《地质汇报》第一号写了一篇序，引德国学者李希霍芬的话："中国读书人专好安坐室内，不肯劳动身体，所以他种科学也许能在中国发展，但要中国人自做地质调查，则希望甚少。"在君接着说："现在可以证明此说并不尽然，因为我们已有一班人登山涉水，不怕吃苦。"在君说这话在民国八年，那个时候打开这个"登山涉水，不怕吃苦"的风气的人，当然是在君自己。翁咏霓（《独立评论》一八八期）说他自己在民国四年"跟着在君渡浑河，登玉带山，敲圆球腐蚀的辉绿岩，辨自南趋北的逆掩断层"；又说他"同年夏间往绥远调查，启行之前，在君指示测量制图的方法，采集化石的需要，谆谆善诱，使我明白地质工作之绝不能苟且了事。"咏霓说：

在君先生的实地工作，不但是不辞劳苦，而且是最有方法。调查地质的人，一手拿锥打石，一手用指南针与倾斜仪以定方向，测角度，而且往往须自行测量地形，绘制地图。这种方法，在君先生都一丝不苟的实行，而且教导后辈青年也尽心学习。

所谓"不辞劳苦"，不但是咏霓说的"在君的习惯是登山必到峰顶，移动必须步行"，最好是在君的《漫游散记》里说的，他为了要看山，"不走近路，走远路；不走平路，走山路"，——例如他在大雪山北边一带，走的就"真正是普天之下最难走的路"！他攀登古牛寨的最高峰，就得爬那"只好手足并用"的从没有路的路！

这样最不怕吃苦，又最有方法的现代徐霞客，才配做中国地质学的开山大师。

在君的第三件最大贡献在于他的真诚地爱护人才，热诚而大度地运用中、外、老、少的人才。他对朋友的热诚爱护，孟真说得最好：

> 凡朋友的事，他都操心着，并且操心到极紧张、极细微的地方，有时比他那位朋友自己操心还要多。

他对于同辈的地质学者，如翁咏霓，如章演存（鸿钊），特别是那位"两腿不能走动，手指也都肿胀，而工作比任何人多"

的葛利普教授，真是十分真诚的爱护。对于许多青年的后辈，他的热诚，他的爱护，他的鼓励，都是最可以引起他们最大的向上努力，最纯洁的为学术努力的精神的。

我记得民国十八年九月我回到北平时，有一天在一个茶会上遇着在君，他的第一句话就是："适之，你来，你来，我给你介绍赵亚曾。他是北京大学出来的地质学的天才，今年得地质学奖金的！"他说话时的热心、高兴，我至今还忘记不了。后来赵亚曾在云南调查地质，在昭通遇着土匪，被打死了，在君哭了好几次，到处出力为他的家属征募抚恤经费，他自己担负亚曾的儿子的教育责任。以后许多年之中，我常在丁家看见亚曾的儿子松岩跟着在君和他夫人一同歇夏，受着他们真恳的爱护。

在中国地质调查所的历史上，有好几位外国学者的重要工作、重要贡献，是不可磨灭的。古生物学的葛利普，是不用我重述了的。此外，如德国学者梭尔格，如瑞典学者安特生（J. G. Andersson），如法国学者德日进（Teilhard de Chardin），都曾为地质学、古生物学，以及地质调查所主持提倡的史前考古学，做过重要的工作。其中当然要算安特生先生最有贡献，他不但做了重要的地质矿产的调查，并且发现了河南"仰韶的石器陶器"和他处的新石器时代文化，为中国史前考古学划开一个新时代。德日进先生在中国旧石器时代文化的发现和研究，都曾有重要贡献。

在君曾对我说，"中国政府从前花了很多的钱，聘了许多外国顾问，各部都有高薪的外国顾问，但因为各部的首领官都没有专门学识，所以从不知道哪些外国人是饭桶，哪些人真是专家学者，所以他们部里就是养着头等的专门人才，也都成了废物，不能给中国出力做点事。就像安特生，他是农商部的高薪顾问，从没有人会利用他这样的专家。后来我们的地质调查所成立了，安特生自己愿意来帮我们工作。我们不但能充分使用他做矿产地质的调查，他在调查地质的旅行中，发现了很重要的新石器时代的器物，他知道它们的重要性，但他自己不是史前考古学专家，不敢乱动，所以他回来做了一年的考古学研究，然后回到老地方去，才敢做有系统的采集和发掘。结果是我们调查所不但成了中国新石器时代的研究中心，并且因此获得瑞典国太子和政府的合作和帮助，并且因此获得全世界的学术人士更大的注意和重视。"在君谈的这个故事很有趣，可惜我当时没有记录，现在只能追记这点粗枝大叶了。我追记这个故事，为的是要指出在君当日创立地质调查所，建立中国地质学，他的领导工作，除了训练领导许多中国青年地质学家之外，还有充分认识和充分利用外国专家学者的一个同样重要的方面。

我要引在君自述他认识梭尔格的故事，藉此指出认识人才是能用人才的基本条件。在君说：

> 梭尔格原是柏林大学的助教，在京师大学（即后来的北京大学）的地质科教了三年书。所有他的中国同事都说他脾气不好，而且根本上看不起中国人。我和他谈了几次，看见他在西山的工作，觉得他是一位很可敬爱的学者，力排众议，请了他来（在地质研究所帮忙）。这一次（民国二年十一月、十二月）和他旅行了四十多天，我很虚心的请教他，他极热心的指导我，我们变成极好的朋友。可见得外国的专门家不能与中国人合作，不一定是外国人的过失。

这里说的有在君的两种美德：一是从人的工作上认识他的专门本领，一是他"很虚心的请教他，他也极热心的指导我"。这两种美德是在君所以能成为"学术界的政治家"的要素。

但是单读这一段，还不够懂得这个很美的故事的真相。话说丁在君于民国二年十一月十三日到了冈头村的井陉矿务局：

梭尔格已到微水去调查了。在矿上代理矿工程师的是一位戈尔登堡先生，他很佩服梭尔格。他说，"若是我们在中国的德国人都像他那样肯工作，那就为我们争气了。"

他又问我：还有一个德国人，也在北京大学教矿物，认识不认识？我告诉他：这位先生听说我请了梭尔格，就来自荐，说他刚从井陉工作回来。但是我看他拿来的一张井陉煤田地质图，好像是用李希霍芬的旧图放大的，所以我没有理他。

戈尔登堡先生拍着桌子叫道："丁先生，你的眼力不差！我们因为北京大学地质科停办，这位同乡失了业，请他来这里工作，预备给他找一个位置。那知道他到矿三个星期，一天也不肯出去。末后他又偷偷地找了土娼来胡闹。我没有法子，只好请他走了。临走的时候，我看见他把李希霍芬的旧图放大，正不知道他有何用处。原来他是拿去骗你！"

我于是又知道所谓外国的专家不是可以随便乱

聘的。

——《独立》第十三号，页一八

在君做地质调查所所长，前后不过六年。民国十年
（1921）他就辞去所长，由翁咏霓继任。从此以后，他只是调
查所的不支薪的顾问。但在君实际上从没有和调查所脱离关
系。他始终继续担任《中国古生物志》的主编。葛利普先生
曾说这个刊物：

> 丁先生之意欲使此刊物较之其他国家之同类出版
> 物有过之而无逊色。全志分甲、乙、丙、丁四种：甲
> 种专载植物化石，乙种记无脊椎动物化石，丙种专述
> 脊椎动物化石，丁种则专论中国原人。第一册之出
> 版，距今（民国二十五年，1936）不及十五年，而今日
> 之各别专集已近一百巨册之多。此种大成绩，实非他
> 国所能表现。

＊　＊　＊

在君和他的朋友们创立和继续发展的地质调查所在很短的

时间之内成为一个世界知名的纯粹科学中心。在纯粹的科学研究方面，这个机关不但建立了中国地质学和古生物学，并且领导了史前考古学的研究，成为新石器时代和旧石器时代研究的中心。北京附近周口店一区的系统的发掘，后来在民国十六年(1927)以下，陆续发现"北京原人"（Sinanthropus Pekinensis）四十多具的遗骨，也是地质调查所领导提倡的科学大成绩。因为周口店出现的材料太多、太重要，有专门研究的必要，所以调查所和北平协和医学校的解剖学系合作，得着美国洛克菲勒基金的帮助，成立了"新生代研究室"，专作中国新生代脊椎动物化石及人类化石的研究，第一任主任是步达生先生（Davidson Black）。在这个研究室的计划的实现，在君也是最出力的一个人。

在这些纯科学的研究工作之外，调查所当然还得顾到国家社会的矿业、石油、土壤等等实用方面的需要。在君个人曾参与龙烟铁矿厂的设计和北票煤矿的开办。调查所兼办的地震台（在妙峰山脚的鹫峰寺）、燃料研究室（浙江金叔初弟兄捐建的）、土壤调查所等等，都是这个机构在那个政局很不安定，薪水不但很微薄而且往往领不到，实地调查的经费完全依靠私人或基金捐助的极困难时代努力的成绩。

十一　北票煤矿公司（1921—1925）
——《努力周报》（1922—1923）

　　我认识在君和徐新六是由于陶孟和的介绍。他们都是留学英国的。孟和是北京大学的教授，又是《新青年》杂志的社员，新青年社是一个小团体，其中只有孟和和我是曾在英美留学的，在许多问题上我们两人的看法比较接近。在君和新六都是民国八年初随同梁任公先生到欧洲考察战后状况和巴黎和会情形的考察团的团员。（任公的考察团中还有蒋百里、方震、张君劢、嘉森诸位。）我认识在君和新六好像是在他们从欧洲回来之后，我认识任公先生大概也在那个时期。任公先生是前辈，比我大十八岁，他虽然是十分和易近人，我们总把他当作一位老辈看待。在君和孟和都是丁亥（1887）生的，比我只大四岁；新六比我只大一岁，所以我们不久都成了好朋友。

在君不久就把我看作他应该照管"操心"的小弟弟了！他是不喝酒的，在饭馆席上他总是用酒来给他的筷子消毒。他有几次看见我颇爱喝酒，他就"操心"了。那时候（民国九年三月）我的《尝试集》刚出版，他就从我的一首《朋友篇》里摘出几句诗来请梁任公先生写在一把扇子上，他把扇子送给我，要我戒酒。那把扇子不幸遗失了，他摘出的诗句是：

少年恨污俗，反与污俗偶。

自视六尺躯，不值一杯酒。

倘非朋友力，吾醉死已久。

…………

清夜每自思，此身非吾有：

一半属父母，一半属朋友。

便即此一念，足鞭策吾后。

我很感谢他的情意，从此把他看作一个人生很难得的"益友"。

在君的生活最有规律，用钱从不敢超过他的收入，从不借债。但他自从留学回国后，就担负四个弟弟和一个侄儿的教育费，又须不时帮助无力的老亲戚，所以他的经济负担很重。他的七弟文治说：

> 他从二十六岁归国后开始在上海教书得到收入，立即担负赡养父母和教育兄弟的责任。从二十六岁到四十八岁，二十二年中，……全家的重心在他身上，全家的经济的压力也在他身上。有一时期，〔他的担负〕每年多至三千元。当时他没有丝毫资本的收入，全靠劳心劳力得到的报酬。因此他不得不离开地质调查所，去创办热河的北票煤矿。现在想起来，我们家族对他全是罪人，我们这个家是一个拖累可以有为的人下水的家。他没有因此受重累，只因为他的能力强大。
>
> ——《独立》第一八八号，页四九

文治说的那"一个时期"就是他的四哥文渊在德国留学的时期。文渊是民国八年出国的，他先到瑞士进了楚里西大学，次年才到德国，准备学医学。在君早年本想学医学，因为考试医科偶然有一门不及格，不能入医科，才改学动物学。所以他的四弟有志学医，他最热心帮助，学费完全由他担负。

文渊在瑞士的时候，在君的同学朋友曹梁厦先生（留欧学生监督处的秘书）曾对文渊说："你令兄不是有钱的人，你不应当让他独力担负你的学费。照你的学历，你可以请补官费。现在教育部和江苏省官费都有空额，你不妨写信给在君，请他为你设法补官费。他和留学生监督沈步洲，教育部次长袁希涛，高等教育司司长秦汾都是老朋友，你又合资格，我想你申请一定可以核准的。"文渊也知道他哥哥担负他留学经费的困难，就把曹先生的好意写信告知在君，并请他设法帮忙。

在君回信的大意是："照你的学历以及我们家中的经济状况，你当然有资格去申请。……不过你应当晓得，国中比你更聪明，更用功，更贫寒的子弟实在不少。他们就是没有像你有这样一个哥哥能替他们担任学费。他们要想留学深造，唯一的一条路就是争取官费。多一个官费空额，就可以多造就一个有为的青年。他们有请求官费的需要，和你不同。你是否应当细细的考虑一番，是不是还想用你的人事关系来占据一个官费空额？我劝你不必为此事费心。我既然答应担负你的学费，如何节省筹款，都是我的事，你只安心用功读书就行。"（丁文渊《文江二哥教训我的故事》，见《热风》第二十二号，页十七）

但在君那时的担负实在超过他的收入，何况那时政府的官吏俸薪往往发不出，发出的是打折扣的中国、交通两银行的纸币，发不出时往往拖欠几个月。在君原有一所小房子，是他用节省的钱盖的。后来他把这房子卖了六千元，主要原因是为了维持他的四弟留德的学费。后来他决定辞去地质调查所所长，去办北票煤矿，正如他七弟文治说的，也是为了那个大家庭的担负太重，而其中最重又最急的担负也是他四弟的留学经费。这都是我亲自听在君说的。

* * *

北票煤矿在热河的朝阳县北境，原是京奉铁路局经营的煤矿，已投了五十万元的资本，还没有成绩。交通部曾请在君去调查北票煤矿一带的矿产地质，所以他很知道这煤矿的情形。据他的报告，北票的矿是有希望的，是值得经营的。民国十年(1921)，在君的朋友刘厚生先生（即民国二年做了三个月的农商部次长的）和京奉路局交涉，成立官商合办的北票煤矿公司，资本为五百万元，官股四成，商股六成。

公司成立时，刘厚生是董事长，他要在君做总经理。在君为了家累太重，就辞了地质调查所所长的职务，专办北票煤矿的事，把家搬到天津，他自己常往来于北京、天津、沈阳、北票之间。

他做北票煤矿公司总经理，前后差不多五年，在这短时期之内，煤矿发展到每日产煤两千吨，足敷开支而有余，算是一个很有成绩的新式煤矿公司。但北票地方和产煤运销的铁路都在张作霖的势力范围之内，所以在君为了公司的事，往往每隔两三个月必须到沈阳去和官厅接洽。他认识张学良也是在这个时期开始的。他研究"奉系"的内幕和奉军的军事组织也是在这个时期开始的。

关于在君办理北票煤矿公司的事，我差不多完全不知道。刘厚生先生的纪录，我曾看过，实在也太简略，没有多少传记资料。

这五年（1921—1925）之中，在君的生活有两件事是值得记载的：一件是他和我们发起一个评论政治的周报——《努力周报》——这个报其实是他最热心发起的，这件事最可以表现在君对于政治的兴趣；一件是他在《努力周报》上开始"科学与人生观"的讨论，展开了中国现代思想史上一个大论战。

* * *

《努力周报》是民国十一年（1922）五月出版的，出了七十五期，十二年十月停刊。

《努力周报》第一期付印之日正当所谓"直奉之战"已开火的时期，——直系和奉系的军队开火在四月二十六日，我们的第一期出版在五月七日，奉军前两天已在军粮城败退了。

周报的筹备远在半年之前。在君是最早提倡的人。他向来主张，我们有职业而不靠政治吃饭的朋友应该组织一个小团体，研究政治，讨论政治，作为公开的批评政治或提倡政治革新的准备。最早参加这个小团体的人不过四五个人，最多的时候从没有超过十二人。人数少，故可以在一桌上同吃饭谈论。后来在君提议要办一个批评政治的小周报，我们才感觉要有一个名字，"努力"的名字好像是我提议的。在君提议：社员每人每月捐出固定收入的百分之五，必须捐满三个月之后，才可以出版。出报之后，这个百分之五的捐款仍须继续，到周报收支可以相抵时为止。当时大学教授的最高薪俸是每月二百八十元，捐百分之五只有十四元。但周报只印一大张，纸费印费都不多，稿费当然是没有的。所以我们三个月的捐款已够用了，已够使这个小刊物独立了。

在君为什么要鼓动他的朋友出来讨论政治，批评政治，干预政治呢？我们一班朋友都不满意于当时的政治，——民九以前的安福部政治，民九安福部崩溃以后所谓"直奉合作时期"

的政治，以及民十一奉军败退出关以后曹锟、吴佩孚控制之下的政治，——这是不用细说的。在君常往来于沈阳、北票、天津之间，他深知张作霖一系的军队和将校的情形，他特别忧虑在民九"直皖战争"之后将来必有奉系军人控制北京政府的一日，他深怕在那个局势之下中国政治必然会变成更无法纪，更腐败，更黑暗。这是他时常警告一班朋友们的议论。他常责备我们不应该放弃干预政治的责任。他特别责备我在《新青年》杂志时期主张"二十年不干政治，二十年不谈政治"的话。他说："你的主张是一种妄想：你们的文学革命、思想改革、文化建设，都禁不起腐败政治的摧残。良好的政治是一切和平的社会改善的必要条件。"

他在民国十二年有一篇《少数人的责任》，其中有几句话差不多是专指我说的：

要认定了政治是我们唯一的目的，改良政治是我们唯一的义务。不要再上人家的当，说改良政治要从实业教育着手。

——《努力周报》第六十七期

在朋友谈话中，他常说的是："不要上胡适之的当，说改良政治要先从思想文艺下手！"

在君常说，曾国藩的《原才》最值得我们想想。曾国藩在那篇文章里说：

> 风俗之厚薄奚自乎？自乎一二人之心之所向而已。……此一二人者之心向义，则众人与之赴义。一二人者之心向利，则众人与之赴利。……所谓一二人者不尽在位，彼其心之所向，势不能不腾为口说而播为声气，而众人者势不能不听命而蒸为习尚。于是乎徒党蔚起，而一时之人才出焉。有以仁义倡者，其徒党亦死仁义而不顾。有以功利倡者，其徒党亦死功利而不返。……然则转移习俗而陶铸一世之人，非特处高明之地者然也，凡一命以上皆与有责焉者也。

我们试看他那篇《少数人的责任》的讲演，就可以明白在君确曾深受曾涤生这篇文章的影响。在君说：

> 我们中国政治的混乱，不是因为国民程度幼稚，

不是因为政客官僚腐败，不是因为武人军阀专横，——是因为"少数人"没有责任心而且没有负责任的能力。

他说：

> 只要有几个人有百折不回的决心，拔山蹈海的勇气，不但有知识而且有能力，不但有道德而且要做事业，风气一开，精神就要一变。

他又说：

> 只要有少数里面的少数，优秀里面的优秀，不肯束手待毙，天下事不怕没有办法的。……最可怕的是有知识有道德的人不肯向政治上去努力。

我们当日组织《努力周报》，实在可以说是在君这种精神鼓动起来的。《努力周报》第一期的发刊辞是我的《努力歌》，其中第一、第三两节是：

"这种情形是不会长久的"。

朋友，你错了。

除非你和我不许他长久，

他是会长久的。

       *   *   *

天下无不可为的事。

直到你和我——自命好人的——

也都说"不可为"，

那才是真不可为了。

这种思想，现在回想起来，都可以说是在君当日极力提倡的思想。

《努力周报》第二期登出《我们的政治主张》，是十六个人签名的，蔡元培、王宠惠、罗文干三位先生领衔，在君和我签在最后。这篇"政治主张"在当时曾引起不少的讨论，内容大致如下：

一、政治改革应该有一个人人都能了解的目标。国内优秀分子，无论他们理想中的政治组织是什么，现在都应该平心降格地公认"好政府"一个目标，作为现在改革中国政治的最低限度的要求。

二、"好政府"的至少涵义是：在消极方面，要有正当的机关可以监督防止一切营私舞弊的官吏；在积极方面，第一要充分运用政治的机关为社会全体谋充分的福利，第二要充分容纳个人的自由，爱护个性的发展。

三、对今后的政治改革，我们有三个基本的要求：（一）一个宪政的政府；（二）一个公开的政府，包括财政的公开与公开考试的用人等等；（三）一种有计划的政治。

四、政治改革的第一步下手工夫是自命"好人"的人须要有奋斗的精神，出来和恶势力作战。"好人笼着手，恶人背着走。""罪魁祸首的好人现在可以起来了！做好人是不够的，须要做奋斗的好人；消极的舆论是不够的，须要有决战的舆论。"

五、我们对于当前问题的意见：（一）要求一个公开的，代表民意的南北和会，早日正式解决南北分裂的问题。（二）我们深信南北没有不可和解的问题。对于南北议和的条件，我们要求（甲）南北协商召集民国六年解散的国会，（乙）和会应责成国会克期完成宪法，（丙）和会应该协商裁兵，（丁）和会一切会议都应该公开。（三）我们对于裁兵的问题，主张四点，其中一项"裁废虚额，缺额不补"，是在君主张最力的。（四）我们提出一个"裁官"的办法，并主张参酌各国文官考试法，规定"考试任官"与"非考试任官"的范围与升迁办法；凡属于"考试任官"的，非经考试，不得委任。（五）对于现行的选举制度，我们主张废除复选制，采用直接选举制，并严定选举舞弊的法律。（六）对于财政问题，我们主张"彻底的会计公开"，"根据国家的收入，统筹国家的支出。"

这个《我们的政治主张》是民国十一年五月十四日发表的。我把这篇宣言的内容摘抄在丁在君的传记里，因为我想藉这个纲领来表示在君和他的朋友们对于政治的根本态度和几项比较具体的主张。

我们的根本态度是要国中的优秀分子"平心降格地公开'好政府'一个目标，作为现在改革中国政治的最低限度的要求"。而下手的第一步是要求国中自命"好人"的人们出来批评政治，干预政治，改革政治。

《努力周报》第六、七两期上有在君（笔名"宗淹"）答复关于《我们的政治主张》的讨论的文字，在这些答复里，他曾特别说明"好人"应该怎样严格地训练自己做政治生活的准备。他提出四项准备：

第一是要保存我们"好人"的资格。消极的讲，就是"不作无益"。积极的讲，是躬行克己，把责备人家的事从我们自己做起。

第二是要做有职业的人，并且增加我们在职业上的能力。

第三是设法使得我们的生活程度不要增高。

第四就我们认识的朋友，结合四五个人，八九个人的小团体，试做政治生活的具体预备。

这都是在君自己终身实行的生活。他和我们组织"努力社"，社员的标准是，第一要有操守，第二要在自己的职业上站得住。

当时我们对于当前的政治问题的几个比较具体的主张，——即是上文第五项的（一）至（六）各目，——在我们心目中，都算是"平心降格"的主张了。但后来事实上的演变，使我们不能不承认这些主张都还是太乐观的理想！例如"裁兵"，岂但没有丝毫实行的希望！我们只看见民国十一年奉军败退出关之后天天增加兵力，改变编制，增添新式军械重炮，天天做雪耻复仇的准备；直军方面也同样地增加兵力，天天作抵御奉军三度入关的准备。这种情形，在君看得最清楚，他在《努力周报》上曾发表好几篇关于军事的文字，都是用"宗淹"笔名发表的：

《中国北方军队的概略》　　（第一期，第三期）

《奉直两军的形势》　　（附地图。第一期）

《奉直战争真相》　　（第三期）

《广东军队概略》　　（第五期）

《裁兵计划的讨论》　　（第十四期）

《湖南军队概略》　　（第十九期）

这些研究是他后来写成一部专书《民国军事近纪》（民国十五年商务印书馆出版）的起点。因为他常到热河、奉天去旅行，所以他最明白那时北方两大系军阀预备作战的形势。所以我们在九月里，曾在《努力周报》上指出，"节省政费，裁了一千个冗员，还禁不起山海关附近的一炮！"所以我们建议："（一）由北京政府速即召集一个各省会议。（二）由北京政府公开地调解奉直的私斗，消除那逼人而来的大战祸。"这种建议，黎元洪不敢做，颜惠庆、王宠惠的内阁也不敢做，新召集的旧国会也不敢提倡。北方的战祸不能消除，裁兵之论当然成了空话了。

再举一个例子。我们曾主张"一个公开的，代表民意的南北和会"，"南北协商召集民国六年解散的国会"。后来国会是召集了，八月一日开会了，但不是"南北协商召集"的，只是当日暂时战胜的直系军人和他们手下的政客自作聪明，要树立他们自己的"正统"地位，所以先拥护黎元洪复位，又把旧国会恢复了，叫做"法统重光"。"法统重光"的作用在于准备解决所谓"最高问题"，就是总统选举的问题。他们把黎元洪的任期解释作还剩一年零四个月，任满之后，就可以由这个"法统重光"的国会选举曹锟做总统了。我们主张一个公开的南北议和的和会，由和会议决召集民国六年被解散的旧国会，作为南北统一的一个条件，作为完成民国六年的《天坛宪法》的机构，而军阀的门客早就打算好了要贿买那个旧国会作为选举曹锟继任黎元洪为总统的准备！

我举这两个例子来说明在君和我们当年组织《努力周报》来做批评政治、监督政治的一番热心可以说是完全失败的。民国十二年三月，我在《努力周报》第四十七期曾引用汤尔和对我说的几句话，他说：

　　我劝你不要谈政治了罢。从前我读了你们的时评,也未尝不觉得有点道理。及至我到了政府里面去看看,原来全不是那么一回事!你们说的话几乎没有一句搔着痒处的。你们说是一个世界,我们走的又另是一个世界,所以我劝你还是不谈政治了罢。

＊　　＊　　＊

　　《努力周报》维持了一年半。十一年的十一月底,我病了。十二年(1923)一月十七日,北京大学校长蔡元培先生为了政府任命彭允彝为教育总长的事,提出辞呈,辞去北大校长之职,辞呈里明说他"痛心于政治清明之无望,不忍为同流合污之苟安,尤不忍于此种教育当局之下,支持教育残局,以招国人与天良之罪责。"他在各报上登了一个启事,也明说"元培为保持人格起见,不能与主张干涉司法独立,蹂躏人权之教育当局发生关系"。蔡先生的辞职,实际上是为了抗议财政总长罗文干的被捕(十一年十一月十九日),也为了抗议当时已哄传的"最高问题"(即曹锟公然收买国会议员,预备总统选举)。我为了此事,从病中出来,在《努力周报》上发表了一些为蔡先生辩护的文字,又发表了几篇关于罗文干案及《贿买国会的问题》的文字。（《胡适文存》二集原版卷三，页二二六——二四九）① 四月以后，在君力劝我专心养病，周报的事由他和高一涵、张慰慈、陶孟和几位朋友维持，不要我做文章了。到十月初，国会贿选曹锟为总统果然成为事实。《努力周报》就自动地停刊了。

一年之后，张作霖准备好了，分五路大举进兵，开始所谓"第二次直奉之战"。当吴佩孚正在山海关支撑的时候，冯玉祥突然退兵转向北京，一个晚上就占领了北京，把贿选出来的曹锟拘禁起来了，发出通电令双方停战。吴佩孚仓皇败退，坐军舰航海南下，经由长江，直到岳州。

胜利的军人通电拥戴段祺瑞出来做一个傀儡的"临时执政"。当时虽有"和平统一"的呼声，虽有"善后会议"的号召，虽有孙中山先生的北来，但事实上还是一个军人割据的局面。奉天系的力量，中间虽经过郭松龄的事变（十四年冬），仍是北方最强大的力量，不但能赶走冯玉祥的军队，控制北方的政局，并且在一年之内，派张宗昌的军队南下，攻取徐州，直入南京；又派邢士廉、姜登选南下，姜登选的军队驻扎徐州，

---

① 参见《我们的政治主张》。——编者

邢士廉驻扎上海；后来又由"临时执政"任命张宗昌做山东督军，杨宇霆做江苏督军。于是奉军的势力从东三省一直达到南京、上海了。

那时候，江苏省的绅士商人有个救援江苏的秘密运动，奔走最出力是在君的两个朋友，松江的陈陶遗、常州的刘厚生。他们知道在君的见识才干，也知道他向来有改革政治的志愿，所以他们常和他商量这个拯救江苏的问题。

民国十四年（1925）七月，在君得到罗文干从岳州打来的密电，要他到岳州去见吴佩孚。在君就向北票公司告假南下，到上海会见刘厚生等，细谈江苏在奉军占领后的情形，以及江苏绅商想借客兵驱逐奉军的各种企图。在君从上海到岳州，见了吴佩孚；回到上海后，孙传芳派人来邀他到杭州去谈谈。在君在杭州住了一星期，到上海报告他和孙传芳、陈仪谈话的经过。九月初，他仍由海道回天津去。

民国十四年的"双十"节，孙传芳在杭州宣布组织江苏、浙江、安徽、江西、福建五省联军，讨伐张作霖，公推孙传芳为总司令，周荫人为副司令，分五路进兵驱逐奉军。陈调元在安徽，白宝山在江北，同时响应。在南京的杨宇霆首先渡江走了，在上海的邢士廉也走了。于是孙传芳成了江苏的统治者。

北票煤矿公司的董事会在天津开会,在君辞去总经理之职。在君办北票煤矿前后近五年。在君辞去北票的事,似是在十四年底或十五年一月。十五年二月,在君为"中英庚款咨询委员会"的事南下。当时他并没有接受孙传芳的何种委任。他之所以要辞去北票煤矿的事,大概不但是因为他已决定不愿在奉军的势力范围以内做事了,并且还因为"中英庚款咨询委员会"的原来计划是需要他半年以上的时间,还需要他到英国去一次。(详见第十三章)

十二　"玄学与科学"的论争（1923）

——附论他的宗教信仰

《努力周报》虽然是一个批评政治的刊物，但我们也曾讨论到政治以外的一些问题。周报每月增刊一张《读书杂志》，其中就有我的长文《读梁漱溟先生的〈东西文化及其哲学〉》，又有顾颉刚和好几位学者讨论中国古史的文字。民国十二年一月七日的《读书杂志》第五期有在君的《重印〈天工开物〉始末记》，这是他介绍十七世纪的另一位奇人宋应星的一部奇书——《天工开物》。那部奇书在中国早已没有传本了，在君依据日本明和八年（1771）翻刻本，又参考江西《奉新县志》等书，为宋应星作略传，此书后由陶湘先生印行，近年来翻印本有好几种。十七世纪的两个奇人，徐霞客与宋应星，他们的两部奇书都是在君特别表彰提倡的。在《努力周报》上，在君的长文《玄学与科学》引起了更大又更长期的论争。

在君的《玄学与科学》(《努力周报》第四十八、四十九期)
是批评他的朋友张君劢先生在《清华周刊》上发表的一篇
《人生观》的讲演。君劢讲演的大意是：

> ……人生观之特点所在，曰主观的，曰直觉的，
> 曰综合的，曰自由意志的，曰单一性的。惟其有此五
> 点，故科学无论如何发达，而人生观问题之解决，绝
> 非科学所能为力，惟赖诸人类之自身而已。而所谓古
> 今大思想家，即对于此人生观问题有所贡献者
> 也。……自孔孟以至宋元明之理学家，侧重内心生活
> 之修养，其结果为精神文明。三百年来之欧洲，侧重
> 以人力支配自然界，故其结果为物质文明。
>
> 科学之为用专注于向外，其结果则试验室与工厂
> 遍国中，朝作夕辍，人生如机械然。精神上之慰安所
> 在则不可得而知也。……一国偏重工商，是否为正当
> 之人生观？是否为正当之文化？在欧洲人观之，已成
> 大疑问矣。欧战终后，有结算二三百年之总账者，对
> 于物质文明，不胜务外逐物之感。厌恶之论，已屡见
> 不一见矣。

我摘抄出这两段，认为君劢讲演的大意，君劢必然说我"断章取义"。但我曾细看他前后发表的几篇文字，我不能不指出当日君劢所要提倡的和在君所引为隐忧的，其实都包括在这两段文字里。这里表面上的问题是："人生观问题之解决，绝非科学所能为力。"但这问题的背后，还有一个问题："科学专注于向外，……其结果为物质文明。欧战终后，有结算二三百年之总账者，对于物质文明，厌恶之论已屡见矣。"科学及其结果——物质文明——不但是"已成大疑问"的东西，并且是在欧洲已被"厌恶"的东西，青年人当然应该回到那些"偏重内心生活之修养"而"其结果为精神文明"的"自孔孟以至宋元明之理学家"了。

所以在君当日把问题看作"玄学与科学为敌"的问题。他有信给他的地质学同志章演存（鸿钊）说：

> 弟对张君劢《人生观》提倡玄学，与科学为敌，深恐有误青年学生，不得已而为此文。……弟与君劢交情甚深，此次出而宣战，纯粹为真理起见，初无丝毫意见，亦深望同人加入讨论。

他在《玄学与科学》长文的引言里也曾说：

　　……我做这篇文章的目的不是要救我的朋友张君劢，是要提醒没有给玄学鬼附上身的青年学生。

其实张君劢的论点，在民国八九年间梁任公先生发表他的《欧游心影录》时早已说过了。任公说：

　　……近代人因科学发达，生出工业革命，外部生活变迁急剧，内部生活随而动摇。……唯物派的哲学家，托庇科学宇下，建立一种纯物质的，纯机械的人生观，把一切内部生活、外部生活都归到物质运动的"必然法则"之下。……意志既不能自由，还有什么善恶的责任？……现今思想界最大的危机就在这一点。……这回大战争便是一个报应。

　　……一百年物质的进步比从前三千年所得还加几倍。我们人类不唯没有得着幸福，倒反带来许多灾难。好像沙漠中失路的旅人，远远望见个大黑影，拼命往前赶，以为可以靠他向导，哪知赶上几程，影子却不见了，因此无限凄惶失望。影子是谁？就是这位"科学先生"。欧洲人做了一场"科学万能"的大梦，到如今却叫起"科学破产"来。

任公在这一段文字之后，加上两行自注：

读者切勿误会，因此菲薄科学。我绝不承认科学破产，不过也不承认科学万能罢了。

但是当日随同梁先生游历欧洲的张君劢先生竟公然"菲薄科学"了。这里面当然有不少个人天资和早年教育的因素，不是语言文字所能争辩折服的。君劢后来曾有这样一段自白：

在君乎！君当记一九一九年寓巴黎之日，任公、百里（蒋方震）、振飞（徐新六）激于国内思潮之变，乃访柏格森（Henri Bergson），乃研究文艺复兴史。而吾处之漠然。何也？吾内心无此冲动也。及访倭伊铿（Rudolf Christoph Eucken），一见倾心，于是将吾国际政治学书束之高阁。何也？胸中有所融，不发舒不快矣……

　　　　——《再论人生观与科学——并答丁在君》

在同一篇富有传记材料的长文里，君劢说他在民国十一年为上
海"国是会议"拟宪法草案，又作说明草案的理由书，题为
"国宪议"，其中有批评欧洲的"富强政策"的长文。我摘引
几句：

　　……国而富也，不过国内多若干工厂，海外多若
　　干银行代表。国而强也，不过海上多几只兵舰，海外
　　多占若干土地。谓此乃人类所当竞争，所应祈向，在
　　十九世纪之末年或有以此为长策者，今则大梦已
　　醒矣。

所以这位"大梦已醒"的玄学家张君劢先生对我们全国人说：
"富强政策不足为吾国将来的政策。"他的理由是：

　　我国产国之方策，在静不在动；在精神之自足，
　　不在物质之逸乐；在自给之农业，不在谋利之工商；

在德化之大同，不在种族之分立。

我们懂得了这些自传性的资料，才可以认识张君劢先生原是一位讲究"精神之自足"的中国理学家，新近得到了德国理学家倭伊铿先生的印证，就更自信了，就公开地反对物质文明，公开地"菲薄科学"，公开地劝告青年学生：科学无论如何发达，绝不能解决人生观的问题；公开地宣传他的见解："自孔孟以至宋元明之理学家侧重内心生活的修养，其结果为精神文明。"

* * *

丁在君的《玄学与科学》共分十段：

一、引言：玄学鬼附在张君劢身上

二、人生观能否同科学分家

三、科学的知识论

四、张君劢的人生观与科学

五、科学与玄学战争的历史

六、中外合璧式的玄学及其流毒

七、对于科学的误解

八、欧洲文化破产的责任

九、中国的"精神文明"

十、结论

在君所谓"玄学"，只是指君劢所谓"初无论理学之公例以限制之，无所谓定义，无所谓方法"的思想。君劢原文说的是东西古今哲人的人生观，他列举的是东方的孔子、墨子、孟子、释迦，西方的耶稣、兰勃尼孳、黑智尔、叔本华、哈德门。他说：

> 若此者，初无论理学之公例以限制之，无所谓定义，无所谓方法，皆其自身良心之所命，起而主张之，以为天下后世表率，故曰直觉的也。

这实在是很武断的说法。他列举的这些哲人都不会承认他们的人生观是"直觉的"。这些人之中，如墨子、孟子都是很讲究论辩的方式的。佛教也极讲究定义与方法，并且还创立很严格的"因明论理学"。至于兰勃尼孳（莱布尼茨）、黑智尔（黑格尔）等几位，更是最讲究论理、定义、方法的哲学家。说他们的人生观都"无论理学之公例以限制之，无所谓定义，无所谓方法"，这真是很糊涂的诬辞，在君叫他做"玄学"，实在太恭维张君劢了。

在君的前四段的主旨是要指出君劢原文所举九类"人生观"——无一件不是可以用科学方法研究的，无一件不可以作科学研究的材料。不但没有"死物质"和"活的人生"的分家，也没有所谓"物质科学"和"精神科学"的分别。在君的第三段所谓"科学的知识论"，只是要说明"我们所晓得的物质，本来不过是心理上的觉官感触，由知觉而成概念，由概念而生推论。科学所研究的，不外乎这种概念同推论，有什么'精神科学''物质科学'的分别？又如何可以说纯粹心理上的现象不受科学方法的支配？"

在君因为要让那位不懂科学的老朋友明白科学研究的材料不是什么"死物质"，所以他简单地说明"一种浅近的科学知识论"，也可以说是"存疑的唯心论"（Skeptical Idealism）。"因为他们以觉官感触为我们知道物体的唯一方法，物体的概念为心理上的现象，所以说是唯心。〔因为〕觉官感触的外界，自觉的后面，有没有物，物体本质是什么东西，他们都认为不知，应该存而不论，所以说是存疑。"

简单说来，科学研究的内容只是各种概念和推论，——连那所谓"物体"，所谓"物质"，也都是概念和推论。概念和推论都是心理的现象，都可以也都应该受严格的论理学规律的审查和评判。在君说：

> 凡不可以用论理学批评研究的，不是真知识。

在君此文前半篇的用意不过是要说明两点：一、科学的对象并不是"死物质"，只是概念和推理，——都是心理的现象；二、各色各样的"人生观"，都是概念和推论，当然都应该受科学方法的审查评判。

但很不幸的是在君提出了所谓"科学的知识论"，——"存疑的唯心论"，——把问题引到"知识论"上去了，引起了后来不少的争论。（后来君劢《再论人生观与科学》，其中《所谓科学的知识论》一章就占了十页。林宰平先生《读丁在君的〈玄学与科学〉》，全文四十页，而这个知识论问题也占了一大半。）在君后来（《答张君劢》）也说这种"知识论本来是理论，本来有讨论之余地的"。他又解释，他说这种知识论是"科学的"，并不是说这是已经"有定论的"，只是"因为这种知识论是根据于可以用科学方法试验的觉官感触"。在君也承认这种理论"所根据的事实本来很复杂的，我用了二千字来说明，我自己本来觉得不透彻，可以讨论的地方很多"。他也承认他说的这种知识论最近于马哈（Mach）的唯觉论，和杜威一派的行为派心理学，和罗素所代表的新唯实论，"都可以说是科学的，因为他们都是用科学的结果同科学的方法来解决知识论的"。

在君这样再三说明，可见得他当初提出"科学的知识论"是一件不幸的事。把本题岔到别的问题上去了，所以是不幸的。

* * *

什么是在君的《玄学与科学》一篇长文的"本题"呢？他后来在《玄学与科学的讨论的余兴》（《努力》，（第五十六期，十二年六月十日）里，曾对林宰平先生说：

> 读者要记得，科学方法是否有益于人生观，欧洲的破产是不是科学的责任，是这一次讨论里面最重要的问题。

当日旁观的吴稚晖先生也曾说：

> 最近张、丁科学之争，……主旨所在，大家抛

却，惟斗些学问的法宝，纵然工力悉敌，不免混闹一
阵。实在的主旨，张先生是说科学是成就了物质文
明，物质文明是促起了空前大战，是祸世殃民的东
西。他的人生观是用不着物质文明的。就是免不了，
也大家住着高粱秆子的土房，拉拉洋车，让多数青年
懂些宋明理学，也就够了。于是丁先生发了气，要矫
正他这种人生观，却气极了谩骂了玄学鬼一场，官司
就打到别处去了。后来他终究对着林宰平先生把他的
初意简单地说了出来。

　　　　　　　　　　　　　——《箴洋八股化之理学》

我们现在应该把"官司"打回到"本题"上来，依照吴先生
的看法，把在君自己点出的两个本题的次第倒过来：

第一，欧洲的破产是不是科学的责任？

第二，科学方法是否有益于人生观？

＊　＊　＊

第一个本题是：欧洲的破产是不是科学的责任？在君此文
的第五段说"科学与玄学战争的历史"，第八段论"欧洲文化破
产的责任"，应该合起来看，因为这两段都是历史的叙述，叙述

的是欧洲中世纪以来玄学与科学的关系。在君指出，在欧洲的中世纪，所谓"玄学"（Metaphysics）始终没有同"神学"分家。宇宙的问题，人生的问题，都得由神学同玄学解答的。十七世纪的新天文学和新物理学的祖宗嘉列刘（即葛理略，Galileo，君劢译作盖理雷）发明地球是动的，当时罗马教的神学家再三警告他，宇宙的问题不是科学所能解答的。嘉列刘不服从罗马教的警戒，于是一六三三年六月二十二日主教大会正式宣言：

> 说地球不是宇宙的中心，非静而动，且每日旋转，照哲学上神学上讲起来，都是虚妄的。

但十七世纪以来，科学逐渐占胜利，向来属于玄学范围的"宇宙"就被科学抢过去了。到了十九世纪中叶以后，经过激烈的斗争，生物学也变成科学了。到了十九世纪的末年，"连玄学家当做看家狗的心理学也宣告独立了"。

但是，科学方法在知识界尽管处处胜利，神学的势力仍然存留在社会、教育、政治各方面。在君在英国住了七年，又常在欧洲大陆旅行，所以他很明白这种情形。他说：

就在十九世纪之初，高等学校的教育依然在神学家手里。

一直到了《物种由来》出版〔之后〕，斯宾塞（Spencer）同赫胥黎（Huxley）极为鼓吹科学教育，维多利亚女皇的丈夫亚尔巴特亲王改革大学教育，在伦敦设科学博物馆、科学院、医学院，伦敦才有高等教育的机关；化学、地质学、生物学才逐渐的侵入大学。然而中学里的科学依然缺乏。故至今英国大学的入学试验没有物理化学。在几个最有势力的中学里面，天然科学都是选科，设备也很不完备。有天才的子弟，在中学的教育几乎全是拉丁、希腊文字同粗浅的算学。入了大学以后，若不是改入理科，就终身同科学告辞了。这种怪状，一直到二十年前作者到英国留学的时代，还没有变更。

到了二十世纪，科学同神学的战争可算是告一段落。……〔然而〕教育界的地盘都在神学人手里。全国有名的中学的校长，无一个不是教士。牛津剑桥两处的分院院长，十个有九个是教士。从这种学校出来的学生在社会政治上势力最大，而最与科学隔膜。

〔例如大政治家首相格兰斯顿（Gladstone）极力反对达尔文，至死不变。〕近来做过首相的巴尔福（Balfour）……著的一部书叫《信仰的根本》，就是反对科学的。社会上的人对于直接有用的科学，或是可以供工业界利用的科目，还肯提倡，还肯花钱。真正科学的精神，他们依然没有了解；处世立身，还是变相的基督教。

这种情形，不但英国如此，大陆各国同美国亦大抵如此。

所以在君对于当时的"科学破产"、"物质文明破产"的呼声，是这样答复的：

欧洲文化纵然是破产（目前并无此事），科学绝对不负这种责任，因为破产的大原因是国际战争。对于战争最应该负责的人是政治家同教育家，这两种人多数仍然是不科学的。

这班人的心理很像我们的张之洞，要以玄学为体，科学为用。……所以欧美的工业虽然利用科学的发明，他们的政治社会却绝对的缺乏科学精神。……
人生观不能统一，也是为此。战争不能废止，也是
为此。

到如今，欧洲的国家果然都因为战争破了产了，
然而一班应负责任的玄学家、教育家、政治家，却丝
毫不肯悔过，反要把物质文明的罪名加到纯洁高尚的
科学身上，说他"务外逐物"，岂不可怜！

* * *

第二个本题是：科学方法是否有益于人生观？在君对这问
题毫无犹豫。他深信"真正科学的精神"是最好的"处世立
身"的教育，是最高尚的人生观。他说《玄学与科学》长文
里最精彩的一段是这一段：

科学不但无所谓"向外"，而且是教育同修养最
好的工具。因为天天求真理，时时想破除成见，不但
使学科学的人有求真理的能力，而且有爱真理的诚
心。无论遇见什么事，都能平心静气去分析研究，从
复杂中求单简，从紊乱中求秩序；拿论理来训练他的

意想，而意想力愈增；用经验来指示他的直觉，而直
觉力愈活。了然于宇宙、生物，心理种种的关系，才
能够真知道生活的乐趣。这种"活泼泼地"心境，
只有拿望远镜仰察过天空的虚漠，用显微镜俯视过生
物的幽微的人方能参领得透彻，——又岂是枯坐谈
禅，妄言玄理的人所能梦见？

这是一个真正懂得科学精神的科学家的人生观，这是丁在君的
人生观。

傅孟真曾引在君的两句名言："准备着明天就会死，工作
着仿佛像永远活着的。"这两句话，我只听在君用英文说：Be
ready to die tomorrow; but work as if you live forever. 好像是他
从什么书里记下来的。他曾问我这两句话应该怎样翻译，我试
了几次，最后译成白话的韵文，他好像颇满意。我的译文是这
样的：

> 明天就死又何妨：
> 只拼命做工，
> 就像你永永不会死一样。

这就是他理想中的"活泼泼地生活的乐趣"。

陶孟和也曾说，到过在君的地质调查所研究室的人，大概会记得他桌上的格言镜框上写着杜洛斯基的话："勿悲愁、勿唏嘘、勿牢骚，等到了机会，努力去干。"（孟和原注：仅记大意如此。）这句话也有打动在君生平"不怨天，不尤人"的胸怀之处，所以他记在桌子上，做他的箴言。

＊　＊　＊

在君的《玄学与科学》的主要论点，实在不过他后来自己指出的这两个问题。他对这两个问题的解答，我已引在上两节了。此外的论争，都是枝叶，都不免有点吴稚晖先生说的"斗些学问的法宝"，斗得把"官司打到别处去了"。我已指出"科学的知识论"是一个不幸的例子。其余的枝叶问题还有许多。

一个是"科学方法是什么"的问题。

在君对这问题，有"正式的"说法，有"非正式的"说法。先说他的"非正式的"说法。上文我引的那一段最精彩、最美的文字里，就有他从自己的科学工作里得来的"科学方法"的意义。

> 时时想破除成见，……无论遇见什么事，都平心
> 静气去分析研究，从复杂中求单简，从紊乱中求秩
> 序，拿论理来训练他的意想，……用经验来指示他的
> 直觉。

这就是科学的方法，也就是科学的精神。这就是赫胥黎说的人类的常识的推理方法，也可以说是"受约束的常识的推理方法"。破除成见是约束，平心静气是约束；拿论理（论理本身是常识）来训练想象力，用经验来指导直觉，也都是约束。科学的方法不过如此。

所以在君说：

> 科学方法和近三百年经学大师治学的方法是一
> 样的。

他又说：

> ……梁任公讲历史研究法，胡适之讲《红楼
> 梦》，也是科学。

这都是在君用浅近的话，用平常经验而不用科学术语来说明科学方法，所以我说是"非正式的"（Informal）说法。

这些话都是在君和我们几个老朋友在那个时期（民国八年到十二年）常常说的。我在《清代学者的治学方法》一篇长文里，曾详细列举顾炎武、钱大昕、戴震、王念孙诸公治古音学、训诂学、校勘学的许多实例，来说明这些经学大师的治学方法都有科学的精神，都合于科学的方法。我在我的《红楼梦考证》的结尾，也曾指出我的考证方法是："处处想撇开先人的成见，处处存一个搜求证据的目的，处处尊重证据，让证据做向导，引我到相当的结论上去。"在君和我都是最爱读赫胥黎讲科学方法的论文。赫胥黎在一八八〇年曾有一篇讲古生物学方法的通俗论文，题目叫做《沙狄的方法》（*On the Method of Zadig*）。沙狄是伏尔泰（Voltaire）小说里一个古代巴比伦的学者，他能从沙上石上的痕迹和路旁树枝树叶的情形，推断一匹曾经跑过的马身高五尺，尾长三尺半，嘴衔勒上带有二十三"开"金子的饰品。赫胥黎说，一切所谓"历史的科学"，——历史学、考古学、地质学、古生物学，以及那上推千万年下推千万年的天文学，——用的方法都只是"沙狄的方法"。翻成中国话，这就是"考据"的方法。丁在君是终身做地质学和古生物学工作的人，所以他完全能够了解"近三百年经学大师治学的方法"就是科学的方法，也能够了解"胡适之讲《红楼梦》也是科学"。

但这一"枝叶"引起了许多从来不曾做科学工作又不曾做过严格的考据的人们的抗议，于是"官司又打到别处去了"。直到十多年之后，张东荪先生还发表了一篇《考据方法是科学方法吗?》（民国二十三年二月十二日天津《益世报》附刊《社会思想》第六十六期），还一板正经地摆出"三段论式"来证明胡适之的《红楼梦考证》不是科学。

* * *

在君又曾"正式的"说明科学方法是什么。他说：

> 我们所谓科学方法，不外将世界上的事实分起类来，求他们的秩序，等到分类秩序弄明白了，我们再想出一句最简单明白的话来概括这许多事实，这〔概括的话〕叫做科学的公例。

他还有同样的说法：

　　科学的方法是辨别事实的真伪，把真事实取出来详细的分类，然后求他们的秩序关系，想一种最简单明了的话来概括他们。

这两条界说都用了科学的术语，故可以说是正式的给科学方法下定义。他的态度是很谦虚的，他的立场是依据最近几十年中科学理论的立场，把所谓"科学公例"只看作"用一种最简单明了的话来概括某些事实的秩序关系"，并不看作什么"绝对的真理"或"绝对的定律"。而且在这个定义里，科学公例所概括的，只不过是某些事实的"秩序关系"，并不说是一定不变的因果关系。

　　在君的说法实在太新了，太谦虚了，太不武断了，所以许多人感觉失望，许多人不认得在君说的是"科学"！他们说，"这就是科学吗？科学怎么只是'分类与秩序'吗？怎么没有那'牢固不拔''一成不变'的公例呢？"

　　于是张君劢先生就抬出翁特（Wundt）来，分科学为"确实科学"与"精神科学"两大类，而君劢自己则坚持"物质科学"与"精神科学"的分别，他说，"精神科学，依严格之科学定义，已不能认为科学，则即此标准（即'确实'与否）

已足以证之。"于是他费了一万多字来证明生物学、心理学等都够不上"确实科学"。他说：

> 以我所确认者，凡关于物质者必有公例可求，有公例则自可以成为科学。……而生物学之为科学之价值，其视物理学如何，又可见矣。……心理学岂特不能比确实科学？亦视生物学又下一等矣。

于是在君也就不得不向这些先生们说明：

> 君劢对于科学的最大误解是以为严正的科学（所谓"确实科学"）是"牢固不拔"的，公例是"一成不变"的。……其实近代讲科学的人，从牛顿起，从没有这种不科学的观念。牛顿说，发现科学的公例，有四个原则：
>
> 一、如果一个因足以说明观察的果，不必再添设其他的因。
>
> 二、凡相似的果，应该归到相似的因。
>
> 三、凡可以观察的物质所有的性质，不妨类推于

一切的〔没有观察到的〕物质。

四、凡根据于许多事实得到的科学观念，应该假定他是真的，等到发现新事实不能适用的时候，再修正他。

牛顿这种精神，真是科学的精神。……科学上所谓公例，是说明我们现在所观察的事实的方法，若是不适用于新发现的事实，随时可以变更。马哈同、皮耳生都不承认科学的公例有必然性，就是这个意思。

…………

君劢再三的拿物理学来比生物学同心理学，想证明物理学已经成了科学，不是生物学心理学所能希望的——好像科学是同神仙一样，有"上八洞"和"下八洞"的分别。研究物理学的人决不敢如此武断。因为物理学上的公例时常在那里变迁。……"力"同"原子"都是理化学上根本的概念，尚且有如此变动。试问君劢所谓一成不变的公例，物理学上找得出，找不出？

——《答张君劢》

张君劢之外，还有好几位讨论在君的科学方法定义。如张东荪先生就在在君已发表了《答张君劢》的长文之后，还提出这样的质问：

> 我以为"分类以求其秩序"只是科学的一方面。若谓以此足以包括无余，实使我不信。……丁先生……对于科学〔的定义〕亦不能使我们满意，便不能不有些失望了。
>
> 据我所见，科学乃是对于杂乱无章的经验以求其中的"不变的关系"，这个即名为法式或法则（即许是暂定的）。……至于得了这个"不变的关系"的定式，使用一个简单明白的符号以表示之，但这却不是"概括这些许多事实"。

于是官司又这样打到别处去了。

* * *

在君的《玄学与科学》是民国十二年四月十五日、二十二日发表的。他的《玄学与科学——答张君劢》是五月二十七日、六月三日发表的。在六月十日，他还发表了《玄学与科

学的讨论的余兴》，此文分两部分，一是《答林宰平》，一是
《参考的书目》。在《答林宰平》的短文里，他曾给"玄学"
下这样一个定义：

> 广义的玄学是从不可证明的假设上推论出来的
> 规律。

宰平是学佛法的人，所以在君说：

> 学佛的人同学科学的人对于玄学的态度，当然是
> 不能相同的。这种绝对不能相容的讨论，大半是
> 辞费。

他岂不知道他和君劢的讨论也是"绝对不能相容的讨论"，也
是"辞费"？但他开头早已说过，他的目的不是要救张君劢，
是"要提醒没有给玄学鬼附上身的青年学生"。他后来也有点
厌倦了，对于许多人的讨论（有些人，如唐钺先生，是出力支持他
的），他都不答辩了。他的《余兴》里，引了哥伦比亚大学史
学教授鲁滨孙（J. H. Robinson）的话作个解嘲的结束：

　　许多人崇拜玄学，说他是我们求最高真理的最高
尚的努力。许多人鄙夷玄学，说他是我们最愚蠢的盲
动。在我看起来，玄学同烟草一样，是对于他性情相
近的人的一种最快心的嗜好。当他一种嗜好看，是比
较的无害的。

在君最嗜好雪茄烟，他引这几句话时，定不免捻髭微笑，他觉
悟了，不再"辞费"了。

*　*　*

　　我写在君的传记，不能不重读当年他的一篇文章引起来的
几十万字的论战文章。（这些文字有两种汇辑本。亚东图书馆的辑本
题作《科学与人生观》，有陈独秀序，胡适序，胡序附注《答陈独秀论
唯物的历史观是完全真理》，独秀又有《答适之》——我们在序文里又
打起仗来了！另一辑是泰东书局的《人生观之论战》，有张君劢序，序
里多驳胡适序中所提出的一个"自然主义的人生观"，又是序文里打起
仗来了！）现在我已把在君原文的两个主题叙述过了，我觉得还
有两个论点，虽然像是枝叶，其实与主题有关，并且有传记上
的趣味，所以值得补叙在这里。这两点是：一点是在君对于所
谓"中国精神文明"的态度，一点是他对于宗教的态度。

先说他在《玄学与科学》里讨论君劢所谓"中国的精神
文明"的话：

> 张君劢说："自孔孟以至宋元明之理学家侧重内
> 心生活之修养，其结果为精神文明。"我们试拿历史
> 来看看这种精神文明的结果。

> 提倡内功的理学家，宋朝不止一个，最明显的是
> 陆象山一派。……我们看南渡时士大夫的没有能力，
> 没有常识，已经令人骇怪。其结果叫我们受蒙古人统
> 治了一百年，江南的人被他们屠割了数百万，汉族的
> 文化几乎绝了种。

> ……到了明末，陆王学派风行天下，他们比南宋
> 的人更要退化：读书是玩物丧志，治事是有伤风雅。
> 所以顾亭林说他们"聚宾客门人之学者数十百人
> ……与之言心言性，舍'多学而识'以求'一贯'
> 之方，置四海困穷不言，而终日讲危微精一之说"。
> 士大夫不知古又不知今，……有起事来，如痴子一
> 般，毫无办法。陕西的两个流贼居然做了满洲人的前
> 驱。单是张献忠在四川杀死的人，比这一次欧战死的

人已经多了一倍以上，不要说起满洲人在南几省作的孽了。

我们平心想想，这种精神文明有什么价值，配不配拿来做招牌攻击科学？

…………

懒惰的人，不细心研究历史的实际，不肯睁眼看所谓"精神文明"究竟在什么地方，不肯想想世上可有单靠内心修养造成的"精神文明"！他们不肯承认所谓"经济史观"，也还罢了，难道他们也忘记了那"衣食足而后知礼节，仓廪实而后知荣辱"的老话吗？

言心言性的玄学，"内心生活之修养"，所以能这样哄动一般人，都因为这种玄谈最合懒人的心理，一切都靠内心，可以否认事实，可以否认论理与分析。顾亭林说得好，"……以其袭而取之易也。"

这是君劢原文的一个主题，所以在君也很严重地批评他。君劢一面攻击科学造成物质文明，结果是空前的大战，一面又歌颂理学侧重内心生活之修养，结果是精神文明，这是一贯的。在君承认近三百年的汉学家治学的方法是科学方法，又斥责宋、明提倡内心生活的理学，他绝对否认专靠内心修养可以造成精神文明，这也是一贯的。

但在君的激昂议论终是白费了的。张君劢的答辩竟是痛哭陈词了：

> 在君知之乎？当此人欲横流之际，……又岂碎义逃难之汉学家所得而矫正之乎？诚欲求发聋振聩之药，惟在新宋学之复活。
>
> 今之当局者，不知礼节，不知荣辱，……国事鼎沸，纲纪凌夷之日，则治乱之真理，应将管子之言而颠倒之，曰：
>
> 知礼节而后衣食足，知荣辱而后仓廪实。
>
> 吾之所以欲提倡宋学者，其微意在此。

玄学鬼这样痛哭陈词，科学家只好不再答辩了。

* * *

最后，我要指出在君在《答张君劢》一篇文字里曾表示他自己对于宗教的见解，并且很明白地叙述他自己的宗教信念。这都可以说是他的人生观的一个重要部分，所以值得记载在他的传记里。

他说：

> 我岂但不反对美术，并且不反对宗教，不过我不承认神学是宗教。十二年前，我做《动物学教科书》，说蚁类优胜的理由：
>
> "所谓优胜者，就蚁之种系言则然耳。……合至愚之蚁为群，而蚁之种乃优胜，何哉？曰，牺牲个体之利益以图一群之利益也，牺牲一群一时之利益以图一种万世之利益也，言群学者可以鉴矣。"（页——八至——九）
>
> 论天演的末节，我又说：
>
> "综观动物生活之景象以及天演流行之方法，而知所谓优肚劣败者，不关于个体而关于全种，不关于一时而关于万世。然个体一时之利害往往与全种万世之利害相冲突，故天演之结果，凡各动物皆有为全种万世而牺牲个体一时之天性，盖不如是不足以生存也。人为万物之灵，……当上古智识初开之时，有有

宗教心者，有无宗教心者，有者为优，无者为劣，故无者灭而有者存。迭世聚积而成今日宗教之大观。然则宗教者，亦天演之产物也，所谓神道设教者非也。"

所以我的宗教的定义是为全种万世而牺牲个体一时之天性，是人类同动物所公有的。这种天功不是神学同玄学所能贪的。所以有许多人尽管不信神学玄学，他们的行为仍然同宗教根本相合，就是这个原故。

人性有一部分是适宜于合群的，一部分是相冲突的，都是要受物质的影响的。一个人的善恶，一是看他先天的秉赋，一是看他后天的环境。……我们所以极力提倡科学教育的原故，是因为科学教育能使宗教性的冲动，从盲目的变成功自觉的，从黑暗的变成功光明的，从笼统的变成功分析的。我们不单是要使宗教性发展，而且要使他发展的方向适宜于人生。

我详细的引在君这一段话，因为这里面有他二十四五岁写《动物学教科书》时的见解，有他三十七岁写《玄学与科学——答张君劢》时的见解，这两个时期的见解和他晚年（民国二十三年，1934，他四十八岁）写的《我的信仰》大致相同，可见这一大段文字里提出的"我的宗教的定义"是他一生的宗教信念。这当然值得在他的传记里特别标举出来。

在这大段里，他的"宗教"的定义是"为全种万世而牺牲个体一时之天性"，他说这种天性"是人类同动物所公有的"。他引他自己在民国元年出版的《动物学教科书》说的蚁类所以优胜是由于蚁类有"牺牲一群一时之利益以图一种万世之利益"的天性。《教科书》又说，"故天演之结果，凡各动物皆有为全种万世而牺牲个体一时之天性，盖不如是不足以生存也"。他在民国元年用的"天性"一个名词，似即等于后来比较流行的"本能"。他把动物如蚁类所以优胜的种系本能，推到人类的"天演"，认为人类的"宗教心"就是各动物"为全种万世而牺牲个体一时之天性"。为什么他这样"类推"呢？因为他——动物学者丁在君——好像只承认人类的"上古智识初开之时"仅有这"宗教心"的有与无就是优胜与劣败的原因，"无者灭而有者存"。

这里面的理论根据，我个人认为不很坚强。第一、动物各类的优胜劣败的因素似乎不能这样简单，不能这样一元的罢？例如食品所需的多寡，蚁类所需极少，而象与恐龙所需极多，

在某种环境之中，蚁可以生存而象与恐龙不能生存，未必都由
于这种牺牲的天性之有无。第二、人类的生存竞争的胜败的因
素似乎比各种动物更要复杂得多，似乎更不能这样简单一元的
罢？似乎不能说某种特殊意义的"宗教心"之有与无就是优
胜与劣败的原因罢？

我们必须明白，在君的"天演"论和他的"宗教的定义"
都不免带有个人情感的成分，也不免带有他常说的神学家主持
的英国中等高等学校的教育影响。他在民国二十三年发表的
《我的信仰》（五月六日天津《大公报》星期论文，并载《独立》第
一百号），也有很相同的见解。他说：

> ……我不相信有主宰世界的上帝，有离身体而独
> 立的灵魂。……
>
> 许多人……误解了宗教的来源了。宗教心是为全
> 种万世而牺牲个体一时的天性，是人类合群以后长期
> 演化的结果，因为不如此则不能生存。不但人类，就
> 是合群的动物如蚁，如蜂，都有这种根性。神秘的宗
> 教包含这一种天性在内，不过神秘的部分是从恐惧自
> 然界演化出来的。现在我们对于自然界的了解逐日的

明白起来，我们的态度由恐惧而变为利用，神秘当然
无法保存。然而这几十万年合群天择的结果，已经把
宗教心种在人类的精血里，不是可以随着神秘消
灭的。

这段议论是和《答张君劢》文中的议论差不多完全相同的。
可见他到了最后的一两年还抱着这种宗教的见解和信念。不过
在《我的信仰》里，他公开的承认这个信仰的"一部分是个
人的情感，无法证明是非，难免有武断的嫌疑，请读者原谅"。
他在《我的信仰》里又曾说：

　　我并不是说人人都有同样的宗教心。因为人不但
不是同样的，而且不是平等的。……宗教心是人人有
的，但是正如人的智慧，强弱相去得很远。凡是社会
上的真正的首领，都是宗教心特别丰富的，都是
少数。

这下面就牵涉到在君的政治主张了：他"对于平民政治——尤
其是现行的议会的政体——没有任何迷信"；但他同时"也不

128

是迷信独裁制的"。这些问题，我们留在后面再讨论。我在这里要指出：在君在《我的信仰》里，很明白的表示他所谓人类与动物同有的"为全种万世而牺牲个体一时"的宗教根性，实在不过"正如人的智慧"，虽然同是"几十万年合群天择的结果"，并不是人人有同样分量的，"强弱相去得很远"。在君自己实在是"宗教心特别丰富的""少数"人中的一个。他对于家庭，对于社会，对于学问，对于民族、国家，真有"为全种万世而牺牲个体一时"的宗教情感。他的"个人的情感"影响到他的政治主张，也影响到他对宗教和"宗教心"的见解。所以他的宗教信仰，虽然穿上了动物学、天演论的科学袍子，其实"一部分是个人的情感，无法证明是非，难免有武断的嫌疑"。

在那个"玄学与科学"、"科学与人生观"的论战之中，唐擘黄（钺）曾说：

> 人生观不过是一个人对于世界万物同人类的态度，这种态度是随着一个人的神经构造、经验、知识等而变的。神经构造等就是人生观之因。

在君在《答张君劢》的"结论"也说：

> 在知识界内，科学方法万能。知识界外还有情感，情感界内的美术、宗教都是从人类天性来的，都是演化生存的结果。情感是知识的原动，知识是情感的向导，谁也不能放弃谁。我现在斗胆给人生观下一个定义："一个人的人生观是他的知识情感，同他对于知识情感的态度。"

在君从不讳他的人生观——他的"信仰"——含有知识和情感两个成分。他的严格训练的知识使他不相信"有主宰世界的上帝，有离身体而独立的灵魂"。但是他的"宗教心特别丰富"的情感使他相信"为全种万世牺牲个体一时"就是宗教。他的情感使他不能完全了解这种宗教心可以含有绝大的危险性，可以疯狂到屠戮百千万生灵而还自以为是"为全种万世而牺牲个体一时"！这种"为全种万世而牺牲个体一时"的信念只可以作一个感情特别丰富的人用来律己的信条，而不可以用作律人或治人的宗教。

在君的《动物学教科书》里这样描写那优胜的蚁类的个

体生活:

> 所谓优胜者，就蚁之种系言则然耳。若以蚁之个
> 体观之，则固有难言者。如彼后蚁，当其初生时，无
> 家室之累，生殖之劳，有翅能飞，来去自在，其乐何
> 如也？未几而巢穴成而翅去，蛰居土中，日以产卵为
> 事，终身不复有他望。……如彼工蚁，……又不能生
> 殖，无子孙可言，寿不过数月，而终日仆仆觅食，为
> 数年之蓄。……合至愚之蚁为群，而蚁之种乃优胜。
> ……言群学者可以鉴矣。

我们也可以说："言群学者可以鉴矣"。这一群"至愚之蚁"
怕不够做我们的宗教信仰的法则罢？

十三 "大上海"的计划与实施（1926）

丁在君在民国十五年（1926）二月南下，参加"中英庚款顾问委员会"的"卫灵敦中国访问团"的会议。

据辛丑（1901）条约原定的十三国赔款比率表，英国所得的赔款比例居第四位，占全数百分之十一有零。（俄国第一，占百分之二十九弱。德国第二，占百分之二十。法国第三，占百分之十六弱。日本第五，占百分之七点七三。美国第六，占百分之七点三二。）原定分三十九年付清，年息四厘。民国十一年（1922）十二月一日，英国政府通知中国政府，表示那年十二月一日以后应付的庚款，英国政府已准备用到于中英两国互有利益的用途上。但因为次年（1923）以后，英国经过两次大选举和两次政府更换，故这件退还庚款案延搁了两年多，到一九二五年三月，下议院才通过二读。原案主文是：一九二二年十二月一日以后英国应得的庚子赔款得用于"教育的，或外交部长认为于中英两国互有利益的其他用途"。原案并规定组织一个"顾问委员会"，考虑何种用途于中英两国最有互惠的利益。

英庚款自一九二二年十二月一日以后，即保留作特别款项，不列入经常预算。从那一天算起，到预定的一九四五年庚款付清时止，总数约有七百万英镑，加上历年利息四百多万镑，合计全数为英镑一千一百十八万有零。（依当时的汇兑率，此数约合美金五千五百万元。）依照原定分期付款表，每年可得四十八万五千英镑。

这个中英庚款顾问委员会原案规定为十一人，其中至少须有女委员一人，中国委员二人。后因原拟的朱尔典（Sir John Jordan）死了，改定为中国委员三人。委员会主席为柏克司敦伯爵（Earl Buxton 曾任邮传部长、商务部长、南非洲总督），副主席为卫灵敦子爵（Viscount. Willingdon 曾任印度孟买省长及马都拉省长）。女委员为安德生女爵士（Dame ADelaide Anderson）。英国委员中有牛津大学华文教授苏狄尔（W. E. Soothill），有曼哲斯脱（曼彻斯特大学）大学董事长倪丹爵士（Sir C. Needham），有汇丰银行伦敦董事长阿提斯爵士（Sir Charles Addis）。中国委员三人为丁文江、王景春、胡适。

顾问委员会的英国委员在一九二五年在伦敦开会讨论当时在中英关系日趋恶化的形势之下，委员会的任务应如何进行。讨论的结果决议：指定三个英国委员和三个中国委员合组"中国访问团"，以卫灵敦子爵为团长，在中国会集，到各地征求各界的意见，然后商讨一个初步的方案，提出全体委员会作最后决定。这个"中国访问团"的英国委员，除团长之外，是苏狄尔教授与安德生女士。

卫灵敦子爵等三人是民国十五年二月二十二日到上海的。在君和王景春先生都在上海。我从去年十月以来就在上海治病，没有回北京去。访问团的临时秘书庄士敦（R. J. Johnston）也来了。

从三月初起，这个庚款访问团开始工作。集会的地点在上海礼查饭店，在君和王景春先生和我也都搬来同住。访问团的日程，依据我的日记残本，大致是这样的。

三月的大部分，在上海听取中英两国人士意见。

三月二十七日到四月五日，在汉口。

四月七日以后，在南京。

四月十六日以后，在杭州。

四月下旬，在上海。

五月中旬，在北京。

五月下旬，在天津。

五月二十五日，卫灵敦团长代表访问团在天津发表一个书面的谈话，总结我们在各地听取的意见，说：我们不久即可拟具提出全体委员会的报告书，我们可以预告的是访问团一致主张设立一个中英庚款董事会，董事会应有全权管理退还的英国部分的庚款。这个书面谈话发表之后，访问团就回到北京开始写报告书。六月十八日安德生女士起程回国。六月十九日卫灵敦团长也离开北京回国了。王景春先生七月出国，经美国到伦敦开会。苏狄尔教授留在北京，七月里在哈尔滨和我会齐，同搭西伯利亚铁路去英国开会。

在上列的日程里，在君参加的是上海的先后各次集会，南京与杭州的访问。汉口之行，他好像没有参加。北京、天津的工作，他也没有参加。伦敦的全体委员会，他也不能参加。

孙传芳自任淞沪商埠督办，而请丁文江做淞沪商埠督办公署的全权总办，这是那年五月五日孙传芳在上海总商会招待上海各界的茶会上才正式宣布的。孙传芳在那天的演说里，还特别提到"丁先生这回本是为了中英庚款的事到上海来的。因为我相信他不会为私人的利益牺牲公家的利益，因为我相信这个人的能力可以做到‘大上海’的政策的实现，所以我特别请他担任这件事。他现在竟肯担任这件事，也是因为他对于这个政策有信心"。

在君为了中英庚款的事要南来，这是几个月之前预定的计划。孙传芳请他担任淞沪总办的事，他南下之前确不知道。孙传芳向他谈此事，已在卫灵敦子爵到上海之后了。在君先同我和王景春先生商量。我们都知道卫灵敦子爵（本名 Freeman Thomas）在议会多年，又有过多年的行政经验，是英国一个有名的政治家，所以在君要把这件事告诉他，请他依据他的政治经验，给他一点意见。卫子爵曾同他长谈几次，很恳挚的鼓励他勉力担负这一件重要而困难的责任。

＊　＊　＊

据在君自己对我说的，当民国十四年八月孙传芳在杭州答应出兵援救江苏的时候，他曾问在君，奉军赶出江苏之后，他自己肯不肯来帮帮他的忙。当时谁也没有想到上海商埠督办或总办的事。在君最爱谈这一段故事，他说：

> 孙馨远说：丁先生，请你想想，你在哪一个方面可以帮我顶多的忙？

我说，我早已想过了。

孙问，哪一个方面？

我说，我曾想过，这时候中国顶需要的是一个最新式的、最完备的高级军官学校。现在的军官学校，甚至于所谓"陆军大学"，程度都很幼稚。里面的教官都太落伍了，不是保定军官学校出身，就是日本士官出身。这些军官学校的专门训练当然比不上外国同等的学校，而且军事以外的普通学科更是非常缺乏。所以我常说：中国的军事教育比任何其他的教育都落后。例如用翻译教课，在中国各大学已经废弃了二十年，而现在陆军大学的外国教官上课，还用翻译；学生没有一个能直接听讲的。足见高等军事教育比其他高等教育至少落后二十年。现在各地军官学校教出来的军官都缺乏现代知识，都缺乏现代训练，甚至于连军事地图都不会读！所以我常常有一种梦想，想替国家办一个很好的、完全近代化的高等军官学校。我自信可以做一个很好的军官学校校长。

孙馨远听了大笑。他说，丁先生，你是个大学问家，我很佩服。但是军事教育，我还懂得一点，——

我还懂得一点。现在还不敢请教你。

他说了又大笑。他当我说的是笑话！

〔附注〕

这段话是我在三十年后的追忆，当然不是很正确
的。但我写此段，曾参考在君自己的文字，如他的
《中国政治的出路》（《独立评论》第十一号，页三，民国
二十一年七月三十一日出版），如他的《抗日的效能与
青年的责任》（《独立评论》第三十七号，页六，民国二十
二年二月十二日出版）。在那两篇里，他都说过："目前
的高等军事教育比任何高等学校还要落后。"在两处
他都举用翻译教课为落后之证。

在君确曾有改革中国高等军事教育的雄心。他留学英国多
年，又常到德国法国旅行，在德国住过较长的时间，他颇注意
这三个国家的军事教育。他和我在北京认识一位第一次世界大
战时期的美国兵工署署长克罗希尔将军（General William C.
Crozier）。这位将军退休后，每年同他的夫人总来北京住几个

月，我们成了忘年的朋友，常常在一块谈天。这位克将军是美国西点陆军大学毕业的，他的记忆力最强，学问很渊博，不但有军事工程的专门学识，还富于历史地理的知识和政治理解。他在美国参战期中，从历史档案里寻出五十多年前南北美内战时期国会已通过而未及实施的一个建立国家科学研究机构的法案，他提出来送请威尔逊总统依据此案即行成立一个全国科学研究委员会（National Research Council），作为全国的科学及工业研究的一个沟通整统的总机构，以避免工作上的重复，并增加研究合作的效能。这个全国委员会在第一次大战时曾发生很大的作用。在君和我每次同这位老将军吃饭谈天之后，常常慨叹："这种富于现代知识而终身好学不倦的军人，真是可以敬佩的！"在君常说，"中国的军事首领之中，不少有指挥的天才，爱国的热诚，坚强的毅力，但因为缺乏现代的知识和训练，往往不够担任国家危难时期的艰巨责任。这真是国家的大损失，最可惋惜的！"

在君是两脚走遍全国的地理学者，所以他有资格说军事学校出来的军官不会读地图。他常说，"地理是军事学的一个骨干。顾亭林、顾景范，他们身经亡国之痛，终身研究地理，其实是终身研究军事，研究战略。他们都是有远见，有深意的。"

在君理想中的高等军事学校，据他平日的口谈，至少要做到几个标准：第一、教员的选择，必须采严格的学术标准；第二、学生的选择，必须废除保送制，必须用严格的入学考试来挑选最优秀的人才；第三、学校必须有第一流历史、地理、政治、经济等学系，要使学军事的人能够得到军事以外的现代学识。

他这种议论，不但对孙传芳说过，也曾对国民党的军事领袖们说过。只因为他从没有带过兵，没有打过仗，所以他自信最能够办好的一件事业，——为中国办一个完全现代化的高等军官学校，——谁也不曾请他去办！

〔附注〕

我要引《独立评论》第四十一号的几句话，替"军官不会读地图"一句话作个附注：当民国二十二年热河陷落之前，北平的一个民众机关负责人对我说："此次军队出发，都没有地图，都来问我们要地图。我们半价买了许多幅苏甲荣编印的东三省热河地图送给他们。"苏甲荣的地图岂能作军事地图用！何况各军连这种简单地图都没有！

＊　＊　＊

五月五日孙传芳在上海总商会发表"大上海"的计划和组织的演说，是在君起草的，外国报纸上登出的英文译稿也是在君写的。（全文见五月六日上海各报。我在此章摘出的文句是依据英文《中国年鉴》一九二五年份，页一〇一二——一〇一四的英文译本。）我们必须重读这篇演说，才可以了解在君当日肯出来担任这件大事，确是因为他自己曾经仔细想过这个"大上海"的问题，曾经用自己的意见修改了军人政客们的原来的简陋计划，所以他的爱国心使他相信这个新改定的"大上海"的理想是值得努力使它实现的，也是可以逐渐实现，逐渐成为收回外国租界的基础的。

这篇演说里提出的"大上海"的计划，就是要建立一个行政总机构，把租界四周围的中国地区——南市、闸北、沪西、浦东、吴淞，——向来没有统一的行政中心的，完全统一在这个新的行政总机构（淞沪商埠督办公署）之下；要使这个行政中心机构有全权可以改善整个区域的市政，可以计划一个新港，可以解决许多外交悬案，——如越界筑路、如越界收房捐、如会审公堂等等。总而言之，那个"大上海"的理想是

"要使上海租界四周围的中国地区成为一个模范城市，其结果应该成为我们要求取消外国租界的基础"。

那篇演说指出，从前也曾有过相类似的计划，如张謇先生的吴淞开埠计划，如孙宝琦先生的"特别区"计划，为什么都失败了呢？主要的原因是行政权限的冲突，没有统一的行政总机构。南市是原由省政府直辖的，闸北是归上海道尹管辖的。演说的主要一点是："照现在的情形看来，只有江苏省政府能够做这样一个试验，而可以有成功的希望。"所以新的"大上海"的计划是完全用江苏省政府的权力来建立这个行政中心机构，孙传芳自己任商埠督办，由他请丁文江全权代表他做督办公署的总办，把上海交涉使、上海道尹、警察局长，都作为督办公署的各局的当然首领，都受总办的指导，而不侵害江苏省政府的权威。这样就可以没有行政权限的冲突问题了。孙传芳说："本人和陈陶遗省长曾经详细商讨这些问题。今天说的话可以代表我们两个人的共同意见。"

我们在三十年后回想起来，丁在君当日担任的建立一个统一的"大上海"的工作确是一件有远见、有开创的魄力的建设大事业。若没有孙传芳与陈陶遗的完全合作，这个试验绝没有成功的希望。陈陶遗是一位公道的绅士，平日佩服在君的道德和才干，他能合作是意中的事。孙传芳向来不认得在君，居然能完全信任他，给他全权，在他八个月任内从没有干预他的用人行政：这不能不算是孙传芳的政治家风度了。

＊　　＊　　＊

在君做淞沪商埠总办，只有八个月的时间，五月就职，十二月三十一日辞职。他在那短时期内，做了不少的事。在三十年后回看过去，有两件事是最值得记载的。第一是他建立了"大上海"的规模。那个"大上海"，从吴淞到龙华，从浦东到沪西，在他的总办任内才第一次有统一的市行政，统一的财政，现代化的公共卫生。他是后来的"上海特别市"的创立者。第二是他从外国人手里为国家争回许多重大的权利。傅孟真说，在君争回这些权利，"不以势力，不以手段，只以公道。交出这些权利的外国人，反而能够真诚的佩服他。""他死后，《字林西报》作一社论，题曰《一个真实的爱国者》，我相信这是对在君最确切的名称。"

在他争回的许多重大的权利之中，收回公共租界的会审公堂当然是他最大的成功。我曾听陈霆锐先生谈这件事的经过，也曾参考当时的记载，略记如下。

当时在君曾请董康先生、陈霆锐先生，和总商会的赵晋卿先生会同商议收回会审公堂的问题。在六月里，在君开始和上海领事团商谈此事。谈判的结果，双方推出谢永森先生、陈霆锐先生，与领事团的代表 Blackburn 先生三位法律家组织三人委员会，共同研究一切有关的法律问题及手续问题。三人委员会研究的结果，决定了一些基本原则，作为收回会审公堂后设立新法院的根据。这些原则之中，有一、新设法院应用中国已颁布的法律；二、刑事案件暂分两部分：其普通刑事案件完全归法院推事受理；其有关公共租界治安的刑事案件，首席领事得派代表出庭旁听，但无决定权，最后判决仍归法院；三、因为有一些牵涉现行中外条约的问题，故三人委员会应斟酌中国法院现行之民刑诉讼法，拟具一种诉讼手续条文；四、上诉的法院应有明文规定。

三人委员会议定的一些原则成为八月中磋商的《收回会审公堂临时协定》的基本原则。这件重要的临时协定是八月三十一日签订的，代表江苏省政府的是丁文江和交涉使许沅，代表领事团的是首席领事挪威国总领事 Aall。协定的第一条说：江苏省政府收回上海公共租界之会审公堂，设立上海临时法院。除依据条约有关领事裁判权之案件外，一切民事刑事诉讼均归临时法院受理。这就是孙传芳五月五日演说里所谓"照现在情形看来，只有江苏省政府能够做这样一个试验"的一个最好例子了。

协定的主文只有六条，另有第七条说：临时协定有效期限为三年。三年之内，中国的中央政府可以在任何时期与有关各国的公使交涉，订立最后协定，此种正式协定成立后，临时协定即行废止。如三年之后还没有成立最后协定，临时协定得继续有效三年。又有第八条说：中国的中央政府将来与各国政府商讨废除"治外法权"时，不受这个临时协定的任何拘束。

那是一个地方割据的时期，中央政府的命令行不到割据的地方。所以在君当时替孙传芳起演说草，抓住这一个主要观念："照现在的情形看来，只有江苏省政府能够做这样一个试验，而可以有成功的希望。"建立"大上海"是江苏省政府负责做的。收回会审公堂，设立上海临时法院，也是江苏省政府负责做的。临时协定第七第八两条，处处给中国的中央政府留地步，这就是"一个真实爱国者"的用心了。

协定最末条说：会审公堂收回的日期，另由江苏省政府的代表与首席领事换文决定。协定是八月三十一日签字的，而规定一九二七年一月一日实行收回会审公堂的领事团代表换文到一九二六年十二月三十一日才交来。同日江苏省政府用电文发

表任命徐维震为上海临时法院院长，并同时发表临时法院推事
胡诒谷、谢永森、徐谟、吴经熊等十人。徐维震曾任大理院推
事、山西高等法院院长。胡诒谷曾任大理院第三民事庭首席推
事。谢、徐、吴诸君也都是有名的法律家。当日临时法院的人
选是中外舆论同声赞叹的。

　　但收回会审公堂设立临时法院最有功的丁在君已在十二月
三十一日辞去淞沪总办的职务了。

〔附注〕

　　　我在海外，没有寻得收回会审公堂的一切交涉文
件的中文原文。上面引的临时协定条文都是依据英文
《中国年鉴》（*The China Year Book*）一九二八年份，
页四六五——四七五。因为是我摘译的，不是直引中
文原本，故都没有用引号。

　　　　　　　　*　*　*

丁在君在上海就职之后一个月，国民革命军就开始北伐
了。在那半年之中，北伐军到处胜利，七月占领长沙，十月占

领汉口，十一月占领九江、南昌。十一月里江西的战争是国民革命军和孙传芳的主力军队作战，因为陈调元已同南军有接洽，孙传芳大败。江西大败之后，孙传芳曾秘密的跑到天津去见张作霖，谢罪求救。

在君当时的地位是很困难的。他对于张作霖的奉军一系是向来厌恶的。他对于国民革命军是有相当同情的。最近董显光先生写了一篇短文，题为《我和在君》，其中有这一段：

> 当年蒋总司令所统率的国民军与吴佩孚军在丁泗桥的大战，实在是决定控制扬子江流域的重要战争。吴佩孚见两军相持不下时，便要求孙传芳派几师生力军参加助战。这时情势紧急，孙的态度足以影响大局。于是蒋总司令便叫蒋百里（方震）透过他和在君的私人友谊关系说动孙传芳，结果〔孙〕未曾派兵助战，终使国民军在丁泗桥一役获得大胜。

显光先生和在君曾在天津和在君同寓很久，他又曾写蒋介石先生的英文传记，他的记载应该可信。这一个故事可以表现在君对于国民革命军的态度。

傅孟真曾有一段很详细的记述和分析，值得引在这里：

在君常把这件事（就任淞沪总办）的动机及下台情景告我，告我时总有点"自解"的样子，大约因为他听到适之先生说我要"杀"他罢！

他认为改良中国的政治（他的政治大体上是行政）决不能等到所谓时机成熟，有机会不可失机会。他之参加孙传芳团体，是个三人团，陈陶遗、陈仪和他。他们三人想借机试验一回。然而一到里边去，知道事实不如此简单。孙传芳要做的事，大者并不与他们商量。

孙在军人中，很有才，很爱名誉，很想把事情办好。只有一个根本的缺陷，就是近代知识太缺乏了。注意，这句话是在君惯用来批评一切中国历年来当政的军人的。在君以为这些人中很多有才的人，有天生的才，只因为他们的知识不够，故不能成大事。

迨孙传芳与党军可和可战的时候到了，孙不与他们商量，先决定了态度。迨武穴紧张的时候，在君（与陈陶遗君？）觉得非与孙彻底一谈不可了，跑去陈说一番。孙说，"我本来也这样想过，不过请你们看这一个电报。"这个电报是孙的在武穴的前敌总指挥打来的，电报的大意说：现在听说联帅有与赤军（当时北方军阀称党军曰赤军）妥协的谣言，消息传来，军心不振。赤军皆南人，我辈皆北人，北人受制于南人，必无好日子过，且必为南人所弄。必不得已，只有北人大联合云云。

孙传芳把电报给他们看完，便说道：我不能不同张家妥协。不然，我站不住。丁说：与二张（作霖、宗昌）妥协，政治上站不住。孙说，那就管不得这许多了。

当时在君告诉我很详细，日子全有。可惜我不曾记下。

——《独立》第一八九号，页十

还有一个朋友，武进刘厚生先生，他是原来的江苏三人团之一。那三人团是陈陶遗、刘厚生和在君。厚生晚年写了一段追忆的文字，说孙传芳秘密去天津求救于张作霖之后。

陈陶遗首先知道，派人到上海来，教我到南京劝说孙传芳，因为……我没有做他手下的官，……还有说话的地位。我……拉了丁在君同车往南京，先访陶遗，陶遗电话通知孙传芳之后，我与在君同去见他。但在君始终不开口，只是旁听。我先问孙到天津见到张作霖了吗？……他回答说："我一到天津就见了大元帅，大元帅见了我，很高兴，开口就说：'老弟，你来了好极了！以前咱们的事撂在一边，永远不提。以后咱们是一家人了，有难同当，有福同享。我已打电报叫效坤（张宗昌）来天津大家商量办法。'"我……轻轻地问孙传芳："看见了杨宇霆没有？"这句话直刺他的心，他只说，"那小子！"以下就没有声音了。那以后就是我说话了。

我说：我在上海听说联帅到天津求救于张作霖，所以特地跑来表明表明我们江苏人的一点意见。第一、我们江苏人普遍的怕胡子，恨胡子。……无论是张作霖、杨宇霆，我们江苏人决不欢迎的。第二、我为联帅设想，本为驱逐奉军而来，结果反迎请奉军来江苏，岂不是"为德不卒"，前后两歧？请你务必再四考量。第三、张作霖说他要派张宗昌来援助你打国民党。请你想想，张宗昌的军队纪律很坏，不会有什么战斗力，而奉天嫡系的杨宇霆却在冷眼旁观，将来的情形也就可想而知了。

孙传芳听了，约摸有两三分钟不说话，忽然开口说："刘先生，你有什么高见？"我说："联帅本是应我们江苏人的请求而来，胜败兵家常事，我们决不埋怨你。但是联帅要向那一方面低头合作，似乎应该问问江苏老百姓的意见。现在我老实说，江苏老百姓宁可受国民党的统治，决不愿再受胡子的骚扰。请你考虑。"

孙传芳听了我的一席话，当然很不痛快。他很坚决的回答我："刘先生所谈，不能说是没有道理。但是我孙传芳脾气不好。我宁可啃窝窝头，不愿吃大米饭。我与国民党是不能合作的。我可以告诉刘先生：蒋介石曾叫张群来找过我两次，我已拒绝他。我对不起刘先生，也对不起江苏人，我抱歉得很！"

我听了这话，就站起来，说："联帅千万珍重！"我同他一握手，就同丁在君一同辞别出来了。大门外就是火车站，站上还停着我和在君来时坐的专车。我

151

们就坐了原车回上海。

冬天夜长，到了上海时，天尚未明。淞沪商埠督办公署的汽车到车站来接，在君叫汽车夫先送我回到法租界葆仁里我家中。谁知汽车夫睡眼矇眬，把汽车撞在马路中间一个水泥柱子上！嘭的一声，车子震动得很厉害，汽车碰坏了，走不动了，我与在君都受了伤。幸喜有一个西洋人坐汽车经过，见我们的车撞坏了，连忙下车把我和在君扶下来，用他的汽车送我们到医院。我的伤不重，略为包扎，先回家了。在君口鼻流血不止，只得住在医院。

隔了一天，我到医院去看他，他的鼻伤还没有好，医生说，还得用手术。我不免安慰他。在君笑了一笑，他说："碰车的事，于你是无妄之灾。我却正可利用。我已有电报去南京，说明伤情，请准辞职，并请即派人接替。官场照例总得挽留一两次。但我决不再到衙门了。已经有手谕：所有人员一概照常办公，整理档案簿册，准备交代。"

一二日后，孙传芳果然派人挽留在君。后来他知道在君受伤的实情，才令上海交涉使许沅代理总办之职。在君不久就离开上海了。

刘厚生先生叙述在君受伤的情形，没有记明日子。我那年
十二月三十一日夜离开伦敦，坐轮船渡大西洋到纽约。一九二
七年一月二十四日，我收到在君来信，说他十二月三十一日辞
职了。

＊　　＊　　＊

那年五月，我从国外回到上海，在君已在大连乡间休息
了。在君历年的积蓄是很细微的，在那个革命大动荡的时期，
他还得筹款帮助他的大家庭避难的避难，上学的上学，所以他
在大连的生活是相当困难的。

就在这困难的时期，他忽然得到了意外的救济。这是一个
很有传奇性质的报德故事，值得特别记载在他的传记里。

翁咏霓记此事如下：

> 在君先生在民国十六年淞沪商埠总办辞职后，生
> 计极为困难，幸赖杨聚诚君赠送五千元，得以度日。

在君的大哥文涛先生记此事最详细：

有杨金者，尝从美国人某习钻矿术。美人回国，杨落魄不能自存活，或怂恿之，使至北京谒亡弟在君于地质调查所。弟叩以钻矿术，知其有所长，为介绍于某矿场。不数年，颇有余资，杨乃来北京，以二千金献弟，……弟却之，杨固请，弟方为地质调查所募款筹设图书馆，乃请杨以一千金捐为建筑之资。

又数年，杨已致富，不从事钻矿矣。方营面粉厂于徐州。……亡弟在大连时，一日得函，署名杨树诚，启封则五千元汇票也，附以书曰："公于我，不啻生死人而肉白骨。今我已富，闻公弃官后多债负。我不报公，无以为人。公若见却，是以我为不义矣。"弟始知树诚即杨金也，感其诚意，勉受之。

——以上均见《独立》第一八八号

杨先生的名字，咏霓误作"聚诚"，当依文涛作"树诚"。

在君死后，这个很美的故事才由咏霓、文涛两君的文字传播出去。《独立评论》第一九三号又发表了蚌埠的胡振兴先生寄来的一篇《谁送给丁文江先生五千元?》。这篇文字里有几点可以补充翁丁两君的叙述。第一、胡君说，这五千元之中，有两千元是从前地质调查所的一个学生赵鉴衡君凑送的。赵君知道了杨树诚君的计划，他坚决的要求杨君许他搭赠二千元，名义上仍推杨君单独赠送，因为赵君怕在君不肯收受他的学生的赠金。胡振兴君在蚌埠的一个银行里服务，所以他知道此事。但在君始终不知道赵鉴衡君的义举。第二、胡君说："杨树诚君本来不识字，他平生只能够很费力的写一个杨字"，所以他请在君的另一个学生刘季辰先生写给他，说明杨君的诚意，并且苦劝他暂行收用，等待将来经济宽裕时再归还他。同时刘君又代杨君写了一封措词很委婉的信给在君，请他不要拒绝他的一点诚心。

胡振兴君文中还略述杨树诚君的历史，他说：

杨树诚君的为人，……确实也有些怪特之处。他自己在大庭广众之中，自陈他幼小的时候，父母都死了，他曾讨过饭。幸由美国教士留养，带到美国，习成工艺。他对于矿业打钻及机器技艺，的确经验丰富。在某矿场打钻，他曾借重过丁先生。他从打钻弄得两万元，在徐州经营小规模的面粉厂，刻苦经营，由此起家。……他在这两年运用他自己的经验和智力，在本厂造成了九架面粉机的磨子，连建筑机房，添置机件，耗费了数十万元。……在开机那一天，他的面粉厂经理才捏了一把汗对人说："你佬！现在放心了，好危险啊！只有我们三爷才会这样蛮干到底！"杨君行三，人称他"三爷"。

文涛大哥用古文叙述杨君事，其中有些事实可以根据胡君此文修正。他引的杨君给在君的信，当然也是他代拟的古文，不是学地质的刘季辰君代杨君写的原信。大概当日徐州、蚌埠之间，有这几个好人，平日佩服在君的为人，当日更佩服他在上海的成绩，他们知道了他的生活困难，决定要设法救济他，于是出钱的出钱，写信的写信，让这一位"曾讨过饭"的杨树诚先生单独出名，赠送他五千元，使他不便推却。正如胡振兴君说的，"仅仅致送钱财，也不见得有什么可以赞扬。不过……这五千元……却显示出几个人极可钦佩的高尚风谊。……〔其中那位〕并不很富有的赵鉴衡君慨赠巨款，还要把姓名隐了，连丁先生始终不知道有这么一回事，也可说是奇之又奇了。"

十四　回到地质学来:

——广西的地质调查（1928）

——西南地质调查队（1929—1930）

——北大地质学教授（1931—1934）

在君在大连休息的时期，大概就是他整理《徐霞客游记》、完成《徐霞客年谱》并制成"游记地图"的时期。这部最新的《徐霞客游记》，附年谱，附地图，是民国十七年（1928）商务印书馆出版的。宋应星的《天工开物》是前一年已由陶湘先生印行了。

《徐霞客游记》出版的时候，在君本人又在西南作矿产地质的调查了。翁咏霓、黄汲清两先生都曾略记在君广西之行，汲清记的稍详细，他说：

在君先生于民国十七年赴广西考查，所到各处均曾作地质研究。而于广西中部及北部，如南丹、河池、马平、迁江诸县，调查尤为详细。利用军用地形图，填绘地质，同时采集标本化石甚多。其工作性质，除查考南丹、河池锡矿及迁江一带煤田外，特注重地层系统及地质构造。而于马平石灰岩研究尤详。马平石灰岩之驰名，全赖先生之力。

——《独立》第一八八期

五年之后，在君和葛利普先生在第十六届国际地质学会提出论文，题为《中国之二叠纪及其在二叠纪地层分类上的意义》(*The Permian of China and its Bearing on Permian Classification*)。在君在此文中"讨论中国各部二叠纪地层之彼此关系，及其分类。结论谓中国南部二叠纪可分三系：下部二叠纪为马平系，中部为阳新系及乐平系，上部为夜郎系"。（此是用黄汲清先生的提要）汲清所谓"马平石灰岩之驰名"即是指这种论文。

十七年十月五日，在君从广西写长信给我，信中有一段说：

广西的情形，一言难尽。……他们第一有建设的决心和诚意，第二有建设的能力。所可惜的缺乏真正技术人才给他们帮忙。我到南宁的时候，本无意工作。因为他们的诚意所感动，才"再为冯妇"。现在我仍旧敬信他们，但是广西天产太不丰富了，大发展至难。这不是广西政府的过失。

又有一段说：

我九月以来，又做了很多的工作，东到富川、贺县，西北到贵州边界的南丹。本来我还想勾留几时，解决一个煤矿的价值。因为两个月前被广西建设厅的一位职员骑的马踢伤左腿，到了桂林似乎完全好了，而近来跑路太多，忽然又肿了起来，行动不方便，故决意不日东归。大约我三四日后由柳州动身，（十月）十一二可到梧州——坐民船沿途稍可研究——十五、十六可到香港。再去广州三两天，就预备回到上海。

这信说得很明白,他到广西,本没有做地质调查工作的计划,只因为被广西的几个领袖的诚意感动,才决定旅行全省,作矿产地质的调查工作。他后来因为左腿受伤,行动不方便,才决定回来。他临行时,采集的标本化石几十箱,到梧州上汽船时,梧州的关吏不肯放行。幸亏凌鸿勋先生那时在梧州,正赶到船上送他行,那时离开船只有半小时了,凌先生"为驰赴梧关解释放行。嗣与先生晤及,辄道其当日逴遽之情状!"(《独立》一八八号,页三八。)

凌先生又说:

> 在君先生之赴西南也,铁道部曾托以踏勘川黔出海之路。先生主张由重庆经黔桂以出广州湾,曾著有《川广铁道路线初勘报告》(民国二十年十一月《地质专报》乙种第四号),言其山川里程与国防经济之旨甚详。自后余远处关中,从事于陇海铁路之西展,偶与先生晤及,辄纵谈铁路建设之事,以筑路成本甚重,而国家经济枯竭,必须以最小之资本,先筑经济能力最大之路。先生固地质专家,而因足迹所经,于山川

形势，民生情状，了如指掌，自无怪其于铁路经营深
感兴趣也。

——《独立》第一八八期

在君给我的信里，还谈起他北归后的工作问题，他说：

　　我这个人完全是一个 impulsive 的人。兴致勃起
则可以一切不顾。兴致过去，又觉得索然无味。学问
事业都不容易大有成就，皆是这个原故。所以我的前
途，我现在也说不定，且看北归以后兴致何在。如可
以安安稳稳住在北京，而且地质调查所这个机关依然
存在，可以利用，我或者可以专心研究几年。否则没
有法子的了。你要知道，我的研究，非有相当的设
备，和相当的技术人员帮忙，是不能做的。要是离开
了图书馆和试验室，再没有葛利普同他的学生来帮我
鉴定化石，绘图员给我绘图，我绝对无法子可以着
手。上海的地质研究所，同两广地质调查所都太幼
稚，没法子可以利用的。

　　十一月初，他果然回到了上海，不久他回到北平去，继续他的地质学研究工作。他这个时期很注意中国的"造山运动"的问题。中国地质学会举他做会长，他的"会长论文"就是《中国造山运动》（英文原题是 Orogenic Movements in China，载在《中国地质学会会志》第八卷）。黄汲清先生说："此文搜集中国各地所得有关造山运动之事实，而作不偏之讨论。"

*　*　*

　　民国十八年（1929）一月十九日，我回到北平，——这是我民国十五年出国远游以后第一次回到北平。我在任叔永家住了三星期，在在君家住了两星期。我那时在上海住家，这一次北去是因为北平协和医学校改组董事会，举了我做董事，我是赴会去的。最主要的一个私人动机，当然是想看看许多位多年没看见的老朋友。当时我听说梁任公先生病重，我很想能见他一面。不料我一月十九夜九点多钟到北平，任公先生已死了八个钟头了！

　　一月二十日，任公的遗体在广慧寺大殓。在君、叔永、陈寅恪先生、周诒春先生和我都去送他入殓。看见许多任公先生的老友，如蹇季常先生等，都是两眼噙着眼泪，我也忍不住堕泪了。

　　二月初，任公的追悼会上，有在君的挽联：

　　　　生我者父母，知我者鲍子。

　　　　在地为河岳，在天为日星。

这几句最可以写出在君对于任公先生的崇敬和友谊。他和任公
从没有政治的关系，完全是友谊的关系。民国八年，任公到欧
洲去考察战后情形和巴黎和会情形，在君也在同行的专家顾问
团之内。任公很敬重在君，故在君有"知我者鲍子"的话。
在君对朋友最热心，任公先生也是他看作应该特别操心照管的
一位忘年老朋友。任公病中，他特别调护。世界最新最完备的
一个医院竟无法延长这一位平日体格很强，生龙活虎一般的大
人物的寿命，——中间还引起了医生错误诊断和错误治疗的各
种传说，——这是在君很伤心的事。任公先生自己始终信任协
和医院，始终没有一句埋怨医生或医院的话，这也是在君很佩
服他的一点。

　　　　　　　　　　＊　　＊　　＊

　　在君在北平不久，又得放下他的研究工作，又得往西南做
大规模的地质调查了。民国十八年，地质调查所发起做一个调

查西南全部地质的大计划，分作几段进行。由在君做总指挥。翁咏霓曾叙述这个西南全部地质调查的大略如下：

> 起身最早的是赵亚曾、黄汲清二君，越秦岭，经四川西部，又分为二组：赵君由叙州南行入滇，行至云南昭通县，被土匪打死了。黄君由叙永入黔，担任贵州中部及西部的工作。

> 在君先生偕同曾世英、王曰伦二君由重庆入黔，所经之地，北起桐梓，西抵毕节，东包都匀，南尽桂边。虽有许多牲口驼运行李，但调查人员长途步行，看石绘图，手足并用，一路都用极严格的科学方法，努力工作。

> 差不多同时起程的，又有谭锡畴、李春昱二君，特别注重川边及西康区域，西抵甘孜、巴安。

> 在这样大规模工作之中，虽然赵亚曾之死使在君先生在途中非常伤心，但他还是竭尽心力，勇猛前进，做出很好的成绩，也给几位后学的人一种最可效法的模范。

黄汲清也曾叙述这个大规模的西南调查，他记在君的路线特别详细：

民国十八年，先生组织西南地质调查队，由重庆起，同曾世英、王曰伦二先生南行，经松坎、桐梓，至遵义；由遵义西行，经打鼓、新场，至大定。原拟在大定会合赵亚曾、黄汲清二人。突接亚曾遇匪被害耗，先生悲哀不胜。旋同曾王黄三人东行至贵阳，旋又南行，经都匀、独山、荔波，而入广西南丹县境。于是贵州工作与先生民国十七年之广西工作相衔接。继折而北行，经平舟、大塘，返贵阳；由贵阳经遵义、桐梓，返重庆。于十九年（1930）夏返北平。

此次之行为先生平生最大地质旅行，亦为最后的大规模地质旅行。其所得结果对于地质学、矿产、地理学及人种学，无疑的必有很大的贡献。地质方面工作则沿途均绘有精细的地形及地质图，对于地层研究尤一丝不苟，而于泥盆纪、石炭纪、二叠纪，更有精细的、透辟的考查。将来西南各省这三纪地层研究，要以他的结果为基础。

在君在途中写长信给我，叙述赵亚曾之死，他曾痛哭几次。此次原定赵亚曾等从徐州出发，在君听说由四川到云南的路上不太平，曾打电报叫他到重庆同行。亚曾回电说，"西南太平的地方很少，我们工作没开始就改变路程，将来一定要一步不能出门了。所以我决定冒险前进。"不上一个月，他就死在昭通了。

亚曾生于光绪二十四年（1898），他死时只有三十二岁。他的著作已有这许多种：

《中国长身贝科化石》（《古生物志》乙种第五号第二册及第三册）

《中国北部太原系之瓣腮类化石》（《古生物志》乙种第九号第三册）

《中国石炭纪及二叠纪石燕化石》（《古生物志》乙种第十一号第一册）

《湖北宜昌、兴山、秭归、巴东等县地质矿产》（与谢家荣同著，《湖北地质矿产》专刊第六号。）

《秦岭山及四川之地质研究》（与黄汲清同著，《地质专报》甲种第九号）

* * *

在君从西南调查回到北平，是在民国十九年的夏季。那时
我在上海已住了三年多，离开了北平已有四年多了。我已接受
了中华教育文化基金董事会新创立的编译委员会的主任委员的
事，十月里我到北平看定了房子，十一月回上海，准备搬家回
北平去住。我从北平回到上海之后，三天之内，连得在君两封
信，都是劝我不要多喝酒的！这两封短信最可以表示在君待朋
友如何操心爱护，也最可以描写他的风趣，所以我抄在这里：

适之：

博生①请吃饭的那一晚上，我就把你的《我的母
亲的订婚》读完了。这一篇在你的《文存》里边应
该考第一！

尔和真是饭桶！你走了以后，他还给崧生说你描
写〔你母亲〕辫子长是暗用"发长垂地"的典故！！

我以后看见莎菲，她给我说你临走几天，天天晚

---

① 博生是陈博生，尔和是汤尔和，崧生是刘崇佑先生，莎菲是任叔永夫
人陈衡哲，寄梅是周诒春先生。《宛陵集》是梅尧臣圣俞的诗集。

上闹胃痛,很替你担心。第二天看见寄梅,他说在天津给你同住,似乎没有胃病。我事体近来大忙,就没有立刻写信给你。

　　但是屈指〔算来〕你将要离开上海了,在这两个星期之中,送行的一定很多,惟恐怕你又要喝酒,特地写两句给你,劝你不要拼命!一个人的身体不值得为几口黄汤牺牲了的,尤其不值得拿身体来敷衍人!……千万珍重!

　　　　　　　　　　　　　弟　文江

　　　　　　　　　　　十九年十一月九日

第二封信说:

　　适之:

　　前天的信想不久可以收到了。今晚偶然看《宛陵集》,其中有题云,《樊推官劝予止酒》,特抄寄给你看:

　　少年好饮酒,饮酒人少过。

　　今既齿发衰,好饮饮不多。

每饮辄呕泄，安得六府和？

朝醒头不举，屋室如盘涡。

取乐反得病，卫生理则那！

予欲从此止，但畏人讥诃。

樊子亦能劝，苦口无所阿。

乃知止为是，不止将如何？

劝你不要"畏人讥诃"，毅然止酒。

江　顿首

十九年十一月十二日

*　　*　　*

我是民国十九年（1930）十一月二十八日从上海全家搬回北平的。下午，火车过江，我在浦口车站上遇见刘瑞恒先生，才听说那天上午蒋孟邻先生辞教育部长之职已照准了，又听说政府已任命孟邻做北京大学的校长，但他未必肯就，已准备回到杭州去休息了。我回到火车上对我太太说："糟糕！我搬回北京，本是决计不过问北京大学的事的。刚才听说孟邻今天被任命做北大校长。他回北大，我怕又逃不了北大的事了。"

我到了北平，知道孟邻已回杭州去了，并不打算北来。他不肯回北大，是因为那个时候北平的高等教育已差不多到了山穷水尽的时候，他回去也无法整顿北京大学。北京大学本来在北伐刚完成的时期已被贬作了"北平大学"的一个部门，到最近才恢复独立，校长是陈百年先生（大齐）。那时候，北京改成了北平，已不是向来人才集中的文化中心了，各方面的学人都纷纷南去了。一个大学教授的最高俸给还是每月三百元，还比不上政府各部的一个科长。北平的国立各校无法向外延揽人才，只好请那一班留在北平的教员尽量的兼课。几位最好的教员兼课也最多。例如温源宁先生当时就"有身兼三主任，五教授"的流言。结果是这班教员到处兼课，往往有一个人每星期兼课到四十小时的！也有排定时间表，有计划的在各校轮流辍课的！这班教员不但"生意兴隆"，并且"饭碗稳固"。不但外面人才不肯来同他们抢饭碗，他们还立了种种法制，保障他们自己的饭碗。例如北京大学的评议会就曾通过一个议决案，规定"辞退教授须经评议会通过"。在这种情形之下，孟邻迟疑不肯北来做北大校长，是我们一班朋友都能谅解的。

那时有两个朋友最热心于北大的革新，一个是傅孟真，一个是美国人顾临（Roger S. Greene）。顾临是协和医学院的院长，也是中华教育文化基金董事会的董事。他们找我商量，如何可以帮助孟邻先生改革北大，如何可以从北大的改革影响到整个北平高等教育的革新。最主要的问题是：从哪儿捐一笔钱做改革北大的经费？

这篇传记不是叙述当年蒋孟邻先生改革北大的历史的适当地方。我只能简单地说：当日傅孟真、顾临和我长时间讨论的结果，居然拟出了一个具体方案，寄给蒋孟邻先生，他也很感动，居然答应来北大主持改革的计划。这个方案即是次年（民国二十年）一月九日中华教育文化基金董事会在上海开第五次常会通过的"中基会与北大每年各提出二十万元，以五年为期，双方共提出二百万元，作为合作特别款项，专作设立研究讲座及专任教授及购置图书仪器之用"的合作办法，（此案大意见一月十二日上海各报）这个合作办法的一个主要项目是设立"研究教授"若干名，其人选"以对于所治学术有所贡献，见于著述，为标准"，其年俸"自四千八百元至九千元不等，此外每一教授应有一千五百元以内之设备费"。"研究教授每周至少授课六小时，并担任学术研究及指导学生之研究工作。研究教授不得兼任校外教务或事务。"

丁在君就是孟邻先生改革北大时新聘的研究教授之一。同时发表的研究教授共有十五人，名单如下：

理学院

丁文江　李四光　王守竞　汪敬熙　曾昭抡

刘树杞　冯祖荀　许　骧

文学院

周作人　汤用彤、陈受颐　刘　复　徐志摩

法学院

刘敦志　赵迺抟

*　*　*

在君在北京大学做了整整三年的地质学教授，从民国二十年秋季开学起，到民国二十三年六月他接任中央研究院总干事时止。他自己说，这三年是他一生最快乐的三年。这是因为他是天生的最好教师，因为他最爱护青年学生，因为他真能得到教师的乐处。我在二十三年一月十九日有这一段日记：

> 在君来吃午饭，谈了一点多钟。他是一个最好的教师，对学生最热心，对功课最肯费工夫准备。每谈起他的学生如何用功，他真觉得眉飞色舞。他对他班上的学生某人天资如何，某人工力如何，都记得清

楚。今天他大考后抱了二十五本试卷来，就在我的书桌上挑出三个他最赏识的学生的试卷来，细细的看了，说："果然！我的赏识不错！这三个人的分数各得八十七分。我的题目太难了！"我自己对他常感觉惭愧。

在君死后，我请他的助教高振西先生给《独立评论》写一篇《做教师的丁文江先生》，在那篇很动人的纪念文字里，他说：

> ……民国二十年到二十三年，……我们曾得到直接受教的机会，而且相处有四年之久。我们真正的觉得，丁先生不只有作教师的资格，而且能全部的尽了他做教师的责任。……
>
> 他是用尽了他所有的力量去教的。……他常说，"不常教书的人，教起书来真苦，讲一点钟预备三点钟，有时还不够！"他对于标本挂图等类，都全力罗致，除自己采集绘制之外，还要请托中外朋友帮忙，务求美备。当时地质调查所的同事们曾有这样的笑

话："丁先生到北大教书，我们许多人连礼拜天都不得休息了。我们的标本也给丁先生弄破产了。"……

丁先生是很会讲话的，他能利用掌故小说以及戏曲歌谣的故事，加以科学解释，……渐渐引人入胜。地质学所讲无非是死石枯骨，不顺口的名词，同干燥的数目字。但是听丁先生讲书的，向来没有觉着干枯……的。……

有一次……讲到基性火成岩的风化情形，他拿一块标本，说："你们看，像一个马蹄子不像？这俗话叫做马蹄石，说是穆桂英的桃花马踏成的。山西北部到处都有。"他然后作科学的解释。

地球上水泽、平原，同山地所占的面积的比例，用数目字表示出来，是何等难记！丁先生讲的是："我们江苏有一句俗话：'三山六水一分田。'这句俗话上的数字恰与地球整个的数字相同。"……学生听了绝不会忘掉的。

丁先生最主张实地练习，常常带领学生出去。实习的地点同时间，都要经过详细的考虑同周密的计划才决定。出去的时候都要利用假期，决不轻易耽误应讲授的功课。假期……他不但不休息，还带领学生作那比平常更辛苦的旅行工作。

凡预定实习的地方，他一定预先自己十分明白，才肯带学生去。如果预定的地方他不十分熟悉，他要事先去一趟，至少也要派一个助教先去一趟，然后才带学生去。

旅行的时候，吃饭、住宿、登山、休息，他一概与学生完全一致。……不论长期或短期，所有地质旅行应用的一切物件，均必携带齐备。服装必须合适。我们有时候以为一天的短期旅行，可以对付过去，不需大整行装。丁先生则说：固然有些地方可以对付，但是不足为法！带领学生，必须一切照规矩，以身作则。不如此，学生不能有彻底的训练，且有亏我们的职责！

这样的教师，丁文江先生，给予学生们的好处不只是学问知识同治学训练。他那活泼的精神，任事的英勇，训练的彻底，待人的诚恳，……无形之中感化到学生身上的，实在更为重要。

我详细引了高振西先生这篇文字，因为这是他在三整年之中亲自观察的这位伟大教师的教学生活，是他的传记里最不可少的材料。孟真曾说：

> 在君自苏俄回来后，对于为人的事非常厌倦，颇有把教书也扔去，弄个三百元一月的津贴，闭户著上四五年书的意思。他这一阵精神反常，待我过些时再写一文说明。
>
> ——《独立》第一八九号，页十一

孟真此文始终没有写。在君在民国二十二年（1933）的暑假中和葛利普、德日进诸位先生同到美国赴国际地质学会的第十六次大会。八月二日他从纽约赴欧洲，八月三十一日到莫斯科。他回北平好像是在十一月初。他在苏俄的旅行是很辛苦，很不舒服的，回国后感觉身体不大好，感觉两手两足的极端有点变态，所以曾在协和医院受过一次详细的检查。检查的结果是他有血管开始硬化的征象。他有一个短时期的消极，就是孟真说的精神反常，确是事实。但他回到了地质系的教室里，回到了青年好学生的队伍里，他那眉飞色舞的教学兴趣又全恢复了！

上文引的我的一月十九日的日记，正是在他从苏俄回来后教完第一学期大考完时的情形。那时候的在君已完全恢复他的教学的兴趣了，完全没有消极或悲观的精神状态了。

在君的苏俄旅行，我另有专章叙述。

* * *

我现在要写他在这个北平时期的一段有风趣的生活作这一章的结束。

在君的夫人史久元女士和他同年，是一位和蔼可爱、待人很诚恳周到、持家很有条理的贤妇人。他们没有儿女，丁夫人的一个侄女济瀛常在他们家里住，他们待她就像自己的女儿一样。在君生平最恨奢侈，但他最注重生活的舒适和休息的重要。丁夫人身体不强健，每年夏天在君往往布置一个避暑的地方，使全家可以去歇夏；他自己也往往腾出时间去休息一个月以上。有时候他邀一两个朋友去住些时候。民国十三年的夏天，在君一家在北戴河避暑，我曾去陪他们玩了几个星期。七年之后，民国二十年，在君全家在秦皇岛租了一所房子歇夏。有一天，在君夫妇同济瀛去游北戴河的莲花山，在君做了两首绝句寄给我，信上催我去秦皇岛同他们玩半个月。他的诗如下：

记得当年来此山，莲峰滴翠沃朱颜。

而今相见应相问，未老如何鬓已斑？

峰头各采山花戴，海上同看明月生。

此乐如今七寒暑，问君何日践新盟？

我匆匆答了他一首诗：

颇悔三年不看山，遂教故纸老朱颜。

只须留得童心在，莫问鬓毛斑未斑。

隔了两天，我带了儿子祖望到秦皇岛，陪在君一家玩了十天，八月六日到十七日。这十天里，我们常赤脚在沙滩上散步，有时也下水去洗海水浴或浮在水上谈天，有时我们坐在沙滩上谈天看孩子们游泳。晚上我们总在海边坐着谈天，有时候老友顾湛然（震）也来加入谈天。这十天是我们最快乐的十天，——一个月之后，就是"九一八"的日本暴行了！从此以后，我们就在严重的国难里过日子了。

八月十五夜，我和在君在海边谈到夜深，他问我，还能背诵元微之最后送白乐天的两首绝句吗？这是我们两人都爱背诵的诗，不见于《元氏长庆集》里，只见于乐天《祭微之文》里。那天晚上，我们两人同声高唱这两首诗：

> 君应怪我留连久，
> 我欲与君辞别难。
> 白头徒侣渐稀少，
> 明日恐君无此欢。

　　　　＊　　＊　　＊

> 自识君来三度别，
> 这回白尽老髭须。
> 恋君不去君应会：
> 知得后回相见无？

第二天，在君用微之的原韵，做了两首诗送我：

> 留君至再君休怪，十日流连别更难。
> 从此听涛深夜坐，海天漠漠不成欢。

　　　　＊　　＊　　＊

> 逢君每觉青来眼，顾我而今白到须。

> 此别原知旬日事，小儿女态未能无。

隔了一天，我同祖望就回北平去了。

四年半之后，在君死在长沙，我追念这一个人生最难得的朋友，也用元微之的原韵写了两首诗纪念他：

> 明知一死了百愿，无奈余哀欲绝难！
> 高谈看月听涛坐，从此终生无此欢！
>
> 爱憎能作青白眼，妩媚不嫌虬怒须。
> 捧出心肝待朋友，如此风流一代无！

我的诗提到"青白眼"，他的诗里也有"青来眼"的话。在君对他不喜欢的人，总是斜着头，从眼镜上面看他，眼里露出白珠多，黑珠少，样子怪可嫌的。我曾对他说："史书上说阮籍能作青白眼，我从来没有懂得。自从认得了你，我才明白了'白眼待人'是个什么样子。"他听了大笑。"虬怒须"是他那虬起的德国维廉皇帝式的胡子，小孩子见了很害怕。其实他是最喜欢小孩子的，他是一个最和蔼、最可爱的人。

十五　独立评论　（1932—1935）

我记得一九二七年四月二十四日我的船到横滨，就接到在君由船公司转交的信，信中大意说，国内党争正烈，我的脾气不好，最好暂时留在日本，多做点研究日本国情的工作，他说：他自己近来很研究日本问题，深切的感觉中国存亡安危的关键在于日本。他劝我千万不可放过这个可以多多观察日本的机会。

我很赞成在君的意见。但我不通日本话，在日本时只能住很贵的旅馆，我在日本住了二十三天，游历了箱根、京都、奈良、大阪，很感觉费用太大，难以久居，所以五月中旬我就从神户回国了。

在君的预言——"中国存亡安危的关键在于日本"——在四年半之后完全证实了！民国二十年九月十八日夜日本军人

在沈阳的暴行果然决定了中国的命运，也影响到整个东亚的命运和整个世界的命运。

在蒋孟邻先生领导之下的"新北大"是九月十四日开学的。开学后的第四天就是"九一八"！那天晚上我们还不知道沈阳的事变。第二天早晨，我们才知道昨夜十点钟，日本军队炮攻沈阳，占领全城，中国军队没有抵抗。那天我的日记有这一条：

> 此事之来，久在意中。八月初我与在君都顾虑到此一著。

在君在四年之后（民国二十四年一月二十七日）写的《再论民治与独裁》一篇文章里，有这一段记载：

> 二十年十一月，胡适之先生写了一封长信给宋子文先生，主张及早和日本人交涉。我告诉他道："我是赞成你的主张的。可是国民党的首领就是赞成，也不敢做，不能做的。因为他们的专政是假的。"

我引这两段文字,略表示在君和我在那个时期对于当前的局势的看法。

总而言之,大火已烧起来了,国难已临头了。我们平时梦想的"学术救国"、"科学建国"、"文艺复兴"等等工作,眼看都要被毁灭了。在君在几年前曾很感慨的对我说:"从前许劭说曹操可以做'治世之能臣,乱世之奸雄'。我们这班人恐怕只是'治世之能臣,乱世之饭桶'罢!"我们这些"乱世的饭桶"在这烘烘热焰里能够干些什么呢?

* * *

《独立评论》是我们几个朋友在那个无可如何的局势里认为还可以为国家尽一点点力的一件工作。当时北平城里和清华园的一些朋友常常在我家里或在欧美同学会里聚会,常常讨论国家和世界的形势。就有人发起要办一个刊物来说说一般人不肯说或不敢说的老实话。

在君和我都有过创办《努力周报》的经验,知道这件事不是容易的,所以都不很热心。当时我更不热心,因为刚在"九一八"之前四十多天,北平市公安局还依据了天津市党部的决议,派警察到北平新月书店把我和徐志摩、梁实秋们一班朋友创办的《新月》月刊第二卷第八期全部查抄了去,还捉了书店的两个店员去，——为的是那一期里有罗隆基批评约法的一篇文章。这件事是七月三十日发生的，害我在热忙中托人写信给公安局长鲍毓麟，把两个被拘的店员保释出来。所以在那个时期我真没有创办一个新刊物的热心。

但到了二十年的年底，因为几个朋友的热心，在君和我也就不反对了。——有几个朋友，如李四光先生，如陶孟和先生，如唐钺先生，原来也常参加讨论的聚餐，他们始终不赞成办刊物，后来都没有加入独立评论社。——在君提议，仿照《努力周报》的办法，社员每人捐出每月固定收入的百分之五，先积了三个月的捐款，然后出版。后来因为我割治一个溃了的盲肠，在医院里住了四十多天，所以我们积了近五个月的捐款，才出第一期《独立评论》（民国二十一年五月二十二日）。出版之后，捐款仍继续。后来刊物销路增加了，捐款减到千分之二五。《独立》出了近两年，社员捐款才完全停止。这都是在君的主张，为的是要使刊物在经济上完全独立。原来的社员只有十一人，捐款总数为四千二百零五元。这个数字小得可怜，但在那个我后来称为"Pamphleteering journalism（小册子的新闻事业）的黄金时代"，这点钱已很够使我们那个刊物完全独立了。当时排字工价不贵，纸价不贵，校对是我家中住的朋友章希吕先生负责，所以开销很省。最大的节省是我们写文字的人都是因为自己有话要说，并不想靠稿费吃饭养家，所以不但社员撰文不取稿费，外来的稿子也是因为作者愿意藉我们的刊物发表他们要说的话，也都不取稿费。《独立评论》共出了二百四十四期，发表了一千三百零九篇文章，——其中百分之五十五以上是社外的稿子，——始终没有出一文钱的稿费。所以我叫这个时代做"小册子的新闻事业的黄金时代"。

抗战胜利之后，我回到国内，有许多朋友劝我恢复《独立评论》。我说："不可能了。那个小册子的新闻事业的黄金时代已过去了。货币价值天天变动，文人个个穷到等米下锅，写文章是为卖文吃饭的，所以篇篇文章须出稿费。况且排字工资太贵了，一千字的排工比一千字的稿费还多！我们无法子可以再办一个真正'独立'的刊物了。"

* * *

《独立评论》第一号的"引言"最可以表示我们这个小刊物的旨趣：

> 我们八九个朋友在这几个月之中，常常聚会讨论
> 国家和社会的问题，有时候辩论很激烈，有时候议论

居然颇一致。我们都不期望有完全一致的主张，只期望各人根据自己的知识，用公平的态度，来研究中国当前的问题。所以尽管有激烈的辩争，我们总觉得这种讨论是有益的。

我们现在发起这个刊物，想把我们几个人的意见随时公布出来，做一种引子，引起社会上的注意和讨论。我们对读者的期望，和我们对自己的期望一样：也不希望得着一致的同情，只希望得着一些公心的，根据事实的批评和讨论。

我们叫这刊物做《独立评论》，因为我们都希望永远保持一点独立的精神。不倚傍任何党派，不迷信任何成见，用负责任的言论来发表我们各人思考的结果：这是独立的精神。

我们几个人的知识见解是很有限的，我们的判断主张是难免错误的。我们很诚恳的请求社会的批评，并且欢迎各方面的投稿。

原来的《独立评论》社员有十一人。因为有两三位是平素不写文字的，所以"引言"里只说"我们八九个朋友"。后来社员散在各地，有些被政府征调去服务了，有些到国外去了，北平的刊物要人维持，随时增加了几个社员。最多的时候也不过十二三人。人数的限制是为了聚餐谈话的便利，并没有别的理由。

《引言》里说的"公心的，根据事实的批评和讨论"，说的"不倚傍任何党派，不迷信任何成见，用负责任的言论来发表各人思考的结果"，这是《独立评论》的根本态度。我在第四十六号里，曾仔细说明这个根本态度只是一种敬慎"无所苟"的态度：

> ……政论是为社会国家设想，立一说或建一议都关系几千万或几万万人的幸福与痛苦。一言或可以兴邦，一言也可以丧邦。所以作政论的人更应该处处存哀矜敬慎的态度，更应该在立说之前先想象一切可能的结果，——必须自己的理智认清了责任而自信负得起这种责任，然后可以出之于口，笔之于书；成为"无所苟"的政论。

当时我们几个常负编辑责任的人，——在君和我，蒋廷黻、傅孟真，——都把这个态度看作我们的宗教一样。我们的主张并不一致，常常有激烈的辩争。例如对日本的问题，孟真是反对我的，在君是赞成我的；又如武力统一的问题，廷黻是赞成的，我是反对的；又如民主与独裁的争论，在君主张他所谓"新式的独裁"，我是反对的。但这种激烈的争论从不妨碍我们的友谊，也从不违反我们互相戒约的"负责任"的敬慎态度。

* * *

在君最后病倒的时候（民国二十四年十二月八日），《独立评论》已出了一百八十期，已办了三年零七个月了。在那三年零七个月之中，《独立评论》发表了在君的文字共有六十四篇：

论文	二十四篇
漫游散记	二十一篇
苏俄旅行记	十九篇

他常说他是《独立评论》最出力的投稿人，但我们在他死后回想，如果没有《独立评论》，他的《漫游散记》和《苏俄旅行记》也许至今还没有整理出来。他为了要"给适之补篇幅"，才把他的旅行日记整理一遍，"把其中比较有兴趣的事情摘录出来"，才成为《漫游散记》。他的《苏俄旅行记》也

是我们硬逼他写出来的。这两部书都没有写完，但这四十篇很
有趣味，很有学术资料，又很有传记资料的记游文字的写成，
总可以算是《独立评论》逼榨出来的一点有历史意义的成
绩了。

上文曾指出一九二七年在君在大连闲住时就很注意研究日
本的国情。我们看他在《独立评论》初期发表的文章，可以
知道他在那几年之中确曾继续不断的注意日本的国情。他写的
关于日本国情的文字有这些：

《犬养被刺与日本政局》 （第一号）

《日本的新内阁》 （第二号）

《日本的财政》 （第二号）（二十一年五月二十九日）

《日本的财政》 （第三十号）（二十一年十二月十一日）

他看得很清楚：日本军人的"法西斯蒂"运动不久一定要成
功的，政党与议会是无力阻止这个趋势的，元老如西园寺已失
去了"偶像"的作用了，日本的政治安定是绝对不可能的。
在君说："日本政治不安定，并不是中国之福。我们……不可
自己骗自己，希望一时的苟安！"

在君两次分析日本的财政，指出日本的经济虽然不好，但
"距崩溃的程度还远"，"我们不可以单希望日本自败"。

他有《抗日的效能与青年的责任》一文（《独立》第三十七号，二十二年二月十二日），是他补写出来的他在燕京大学和协和医学校的讲演。在此文里，他很恳挚的向青年人说了几句许多人不肯说的老实话。他说，我们没有对日本宣战的可能。

中国号称养兵二百万。日本的常备兵不过二十万。……但是我们的一师人往往步枪都不齐全。步枪的口径也不一律。全国所有的机关枪大概不过几千杆，——欧战的时候，作战的步队每一师有一千五百杆。七五公厘的野炮大概一万人分不到两尊，——实际上需要二十四尊，重炮、坦克、毒气和飞机可算等于没有。所以以武器而论，我们的二百万兵抵不上日本的十万。……海上和空间完全在日本武力支配之下。沿江沿海的炮台都是四十年以前的建筑，丝毫没有防止日本海军的能力。吴淞的炮台不到五分钟就毁于日本炮火之下。

作战不但要兵器，而且要钱。……"九一八"以前，中央所能自由运用的款项每月不到三千万。上海的事件（二十一年一月—二月）一发生，中央可以支

配的收入一落就落到二百万。当时凡有靠中央接济的
机关，立时等于停顿。军队的饷项也就没有着落。

他说：抵制日货是应该做的，是可以做的。但他要大家明
白：去年日本全国的对外贸易共约二十七亿元，中国本部的对
日贸易（东三省除外，香港在内）总数为二亿六千多万元，还不
到日本对外贸易总数的百分之十。所以"抵制日货可以使日本
受相当的损失，然而绝不能制日本的死命，绝不能使日本交还
我们的失地"。

他并不劝青年人去当义勇军。他说：

　　目前的问题，不是缺少人，是缺少钱，缺少枪，
缺少子弹，缺少服装，尤其是缺少能指挥和组织的
人才。

他很沉痛的对青年人说："抗日救国不是几天的事，并且
不是几年的事，是要有长期的决心和努力，才能够有成效的。
在目前的中国，四十岁以上的人很少有建设新中国的能力。我
们的唯一的希望是在目前受高等教育的青年。""今天的青年

……应该要十二分的努力，彻底的了解近代国家的需要，养成近代国民的人格和态度，学会最低限度的专门技能，然后可以使他们的一点爱国心成为结晶品，发生出有效能的行为。抵抗日本，收复失地，一定要到中国能有战胜日本力量的那一天，才会成为事实。要中国能有那一天，一定要彻底改造一个新式的中国。做这种改造新国家的预备工作，是今天受高等教育的青年的唯一的责任！"

*　　*　　*

在君讲演的时候（二十二年一月），正是日本人占领山海关的时候，也正是傅孟真所谓"这几天北平城内的怪现象真正要把中国人的恶根性全盘托出了"（《独立》三十五号）的时候。二十二年元旦，少数的日本兵黑夜爬城，一日一夜的接触，"天下第一关"就被日本占领了！那个时候，"北平的要人先送家眷回去，市民不相信钞票，……学生们的恐慌，纷纷出走，要求免考，……请学校当局保证他们的安全，要求请假不扣分。……"

在君是熟悉地理故常用地理知识来讨论军事问题的。他认定"一旦热河有了军事行动，北平、天津是万万守不了的"。他在前一年（二十一年八月初），就写了一篇《假如我是张学良》（《独立》十三号），他替张学良画这守热河的计划：

  ……我们的真正的防御，长期的战争，不在平津，而在热河。……假如我是张学良，要预备积极抵抗，第一步先把司令部移到张家口，同时把重要的军实，北宁路的车辆，逐次的运到居庸关以北。只留一部分的军队在山海关、秦皇岛、滦州、天津等处；在这几处经过相当的抵抗以后，也预备从冷口、喜峰口、古北口，分别退至口外。现在驻在热河边界的军队，应该从速进到朝阳，并且积极筹备朝阳、凌源、平泉、承德各地间的运输。热河东南两部完全是山地，不但日本人的坦克重炮都不能使用，就是飞机也有许多危险。喜峰、古北和南口，三处都是天险，每处有一两万人防守，日本人非有一倍以上的兵力不能进攻。

  只要守得住热河，放弃了平津是不足惜的。只要当局有必死的决心，充分的计划，热河是一定守得住的。

  为什么司令部应该在张家口呢？因为平津放弃以

后，在热河、察哈尔的军队与中央失去了联络，一切接济都要仰给于山西。大同到张家口不过几点钟的火车。大同到太原有现成的汽车路，一天可以到达。太原有比较新式的兵工厂，可以接济前方。所以张家口做司令部最为适宜。

五个月之后，山海关发生了军事冲突，在君又发表了一篇《假如我是蒋介石》（《独立》第三十五号，二十二年一月十五日出版）。在这篇长文里，他很老实的先说明他所谓"明白的认识"：

> 我个人向来极端唱"低调"的：我向来主张中国遇有机会，应该在不丧失领土主权范围之内与日本妥协；并且应该利用一切国际的关系来和缓我们的危急，来牵制日本使他与我们有妥协的可能。（适注：参看二十一年六月十九日《独立》第五号胡适的《论对日外交方针》。我主张政府应依据二十年十月十九日及二十六日日本政府提出的五项原则，进行与日本交涉东三省的善后问题。在君是赞成此文的，孟真是很反对此文的。）
>
> 不幸我们把几次难得的机会都失去了。……等到

> 日本公然的承认"满洲国",积极消灭黑龙江的义勇军,我们就知道日本一定要有进一步的举动,所以我们主张积极的防御热河。迁延到去年年底,军事当局方始有防御的表示,防御的布置还没有实行,山海关已发生了冲突。……
>
> 军事当局不在苏炳文、马占山没有失败以前向热河进兵,是很大的失策。到了今天,若是依然以苟安为目的,这是最下流的自杀政策!

他的"低调"包括有决心,有办法的"抵抗"。他说,抵抗日本的侵略是中国图生存的唯一途径,因为,一、日本是得步进步的,我们越不抵抗,日本的侵略吞并越容易实现;二、日本的实力不是没有限制的,我们不能保全国土,至少应该尽力抵抗,使敌人出最高的代价,如此方能使敌人反省;三、我们要生存,还得靠国际的援助,但是要人帮忙,先要自己帮自己忙,先要自己肯牺牲。

所以他说,假如我是蒋介石,我的办法是:

第一,我要立刻完成国民党内部的团结。

第二，我要立刻谋军事首领的合作。

第三，我要立刻与共产党商量休战，休战的唯一条件是在抗日期内彼此互不相攻击。

他说：

> 以上的三件，……做到十分，我们抗日的成功就可以有十分的把握，做到一分，也可以增一分的效能。
>
> 知果对于江西的共产党有相当的办法，长江以北的军队可以尽量的向北方输送，把守卫南京及长江下游的责任交给剿共的军队。总司令应该来往于石家庄与郑州之间。军队战守的分布应该打破防区制度，通力合作。

*　*　*

在君此文发表之后，不到一个半月，热河就沦陷了。三月三日，在君、咏霓和我三人会商，我们拟了一个电报，由咏霓用密码打给蒋委员长：

> 热河危急，决非汉卿（张学良）所能支持。不战
> 再失一省，对内对外，中央必难逃责。非公即日飞来
> 指挥挽救，政府将无以自解于天下。

次日（三月四日）咏霓得蒋先生复电说五日北上。但那天晚上
我们就知道热河全省陷落的真消息了。在君当时记载如下：

> 热河的战事是二月二十二日开始接触的。二十
> 二日早上八点钟，日军已由南岭开进北票，二十五
> 日就到了朝阳，二十四开鲁失守，二十六日军占领
> 下洼子。以后三月一日失凌南，二日失凌源，三日
> 失赤峰、平泉，四日失承德。据东京的路透电，四
> 日上午日军已占领冷口。自今以后，不但我们的国
> 境只能到长城，而且长城上的要隘都在日本人的手
> 里。朝阳到承德一共有六百四十多里，日军七天就
> 占领了承德，昔人说，"日蹙国百里"，这真是这一
> 次战事的结论了！
>
> ——丁文江《给张学良将军一封
> 公开的信》，《独立》第四十一号

在君写的给张学良的公开信，我写的《全国震惊以后》，都很责难张学良。三月七日夜，我把这两篇原稿从印刷所收回，送给张学良，我附了一封信，信中说：

> ……去年夏间曾劝先生辞职，当时蒙复书表示决心去职。不幸后来此志未得实行，就有今日更大的耻辱。然先生今日倘能毅然自责求去，从容交卸，使闾阎不惊，部伍不乱，华北全部交中央负责，如此则尚有自赎之功，尚有可以自解于国人世人之道。

三月十日夜，张学良约在君、蒋孟邻校长、梅月涵校长和我去谈话，他说已见到了蒋委员长，蒋先生要他辞职，他已辞职了，特邀我们去告别。

三月十三日，在君、咏霓和我同到保定看蒋介石先生，他承认实不料日本攻热河能如此神速。他估计日本攻热河须用六师团人，故国内与台湾均须动员，而我们政府每日有情报，知道日本没有动员——万不料日本人知道汤玉麟、张学良的军队比我们知道清楚的多多！

＊　＊　＊

热河陷落之后，战事就由山海关和热河两方面步步进逼。宋哲元部队在喜峰口之战，徐庭瑶、关麟徵、黄杰所率中央军队在南天门八日八夜之战，都是很壮烈的抵抗。——以后就无险可守了。

以后就是北平军分会和华北政务委员会在何应钦将军和黄郛先生主持之下的"局部的华北停战"的谈判，——就是五月二十三日早晨四时接受，五月三十一日在塘沽签字的"塘沽协定"。在那个"局部的华北停战"之下，华北又苟安了四年。

六月里，在君和我都因事出国。我是六月十八日离开上海的。在君于六月二十三日和葛利普、德日进几位地质学者在上海起程赴美京的第十六次国际地质学会大会。

十六　苏俄的旅行　（1933）

——最后三年的政论

在君的《苏俄旅行记》分作两部分。第一部分是《楔子》（《独立》一〇一号、一〇三号、一〇四号、一〇七号、一〇九号），写他民国二十二年（1933）六月二十三日从上海上船，到芝加哥看博览会，到华盛顿赴国际地质学会十六次大会，八月二日离开纽约，到欧洲，中间偷闲到伦敦，还回到他少年进中学时期的"第二故乡"（此一段已引，见第五章），又从伦敦到瑞典，八月二十五日从瑞典京城到柏林。

第二部分才是《苏俄旅行记》本身。他这一部分的结构似很大，但他没有能写完，只发表了这几章：

一、新旧的首都

二、图喇（Tula）

三、巴库（Baku）

（c）油田的参观（九月十四至十五日）　　　　　一六八号

（d）地质研究所（九月十六日）　　　　　一六九号

四、高加索斯（Caucasus）

（a）地夫利斯（九月十八日）　　　　　一七四号

（b）乔治安的军用公路（九月二十日）　　　　　一七五号

这部《苏俄旅行记》究竟还缺多少呢？我没有得见在君的旅行日记，——我盼望这些日记稿本都还保存在丁月波（文渊）先生处①，更盼望他已经把这些日记都整理出来了。——但我从他的留俄时期和他的参观计划两方面看来，可以推断这部游记还缺一半。

------

① 文渊按：我虽是家兄指定的遗嘱执行之一，又为他所指定替他整理处置遗文稿信札之人，然而当他去世的时候，我还在德国佛朗府大学的中国学院服务。我得信后，就赶了回来，可是到了南京峨嵋路家嫂的寓所，已经找不到他的任何文稿或日记之类的文件。当时我也晓得他的《苏俄见闻录》没有写完，就是《漫游散记》也没有完篇，所以我就询问家嫂，晓得不晓得他的文稿哪里去了。家嫂说，自家兄去世后，所有的文稿都是翁咏霓先生取了去的。我就问翁先生，他说，你老兄没有任何稿件，我这里只有他的地质报告稿，这是你不懂的东西，我要替他整理出版。当时无法追求，而家兄的地质著作，拖到抗战胜利以后，其中经过我屡次的催促，李仲揆先生在地质学会沉痛责言，又经我极力要求，不加改动，才于抗日胜利以后，在南京出版。所以适之先生盼望"日记稿本还存在我处"，并不是事实。

先说时间。在君详细记载他费了大力,才把护照上原许留俄一个月延长到两个月。他是八月三十日入俄国境的,可以住到十月三十日。但他只打算旅行四十天。而已发表的游记只到九月二十日,只记了二十天的旅行。

次说他的参观计划。他原定的四十天旅行目的有七项:

一、到乌拉山(Ural)参观铁矿与钢厂。

二、到中亚细亚作地质旅行。

三、过里海到巴库参观煤油矿。

四、从南到北穿过高加索山脉。

五、到东奈治(Donetz)煤田研究地质并看煤矿铁厂。

六、参观德涅勃(Dniper)河边大水电厂。

七、由气夫(Kiev)到波兰。

地质探矿联合局局长 Novekoff 看了这计划,说道:"你的计划太大了,四十天内做不到。我劝你至少牺牲中亚细亚的旅行。并且你无论如何应该到列宁格拉去一趟,这还是我们的科学的中心。……你到那边和专门家谈过以后,再回来决定日程。"

在君从列宁格拉回来,这位局长劝他"取消乌拉山的计划,专心到南俄去调查石油、煤田、铁矿"。这是把在君原定的第一第二项全取消了。所以在君从莫斯科一直南下到巴库。九月十六夜离开巴库，到乔治安苏维埃共和国的首都地夫利斯，九月二十日由乔治安军用公路北去，到北高加索的乌拉底加乌加斯城（Uladicavcas，即 Uladikavkaz）。游记到此中止了。依改定的计划，顺这方向北去，他当然去参观东奈治（Donetz）流域的煤矿铁厂，并研究地质。由此往西，他大概去看了德涅勃（Dniper）河上的大水电厂，然后北去经气夫（Kiev）向西北出俄国境到波兰。

所以我们可以推断这部游记的原稿应有东奈治煤田铁矿的部分，也应有德涅勃水电厂的部分，也应有出苏俄归途的部分，可惜都没有整理，没有写成，他就死了。

* * *

这部未写完的游记有许多很精彩或很有趣味的部分，值得我们特别提出。例如在君写那个"地质探矿联合局"的组织（《独立》一一四号）：

这个联合局是一个"托辣斯"（Trust），行政总机关在莫斯科，研究总机关在列宁格拉，这是所谓中央"托辣斯"。此外还有十六个地方"托辣斯"，分布在各省或各联邦。

总机关共为六部：一设计，二会计，三地质，四探矿，五劳工，六教育与职业。联合局全部共有职员六千，其中有三千是地质家。在野外工作的有二千队，其中有五百队是做地质图的。有六百架机器钻在野外工作，每钻的平均深度为三百五十公尺。此外还有一千五百架手钻。地质探矿两部共用工人四万五千。

革命以前做好的二十万分之一的地质图，才不过占全国面积万分之十六。目前已增加到百分之十一。

全体的预算为一万二千万卢布！其中九千万是直接由财政部拨的。三千万是由各种实业的"托辣斯"补助的。……技术人员最高的薪水是一千卢布一个月。（适按，依在君下文的记载，一千卢布约当六十银元，约当六十马克。）联合局自己办的有七个专门学校，训练地质人才。

在君的评论是：

要知道上面各数字的意义，我们可以拿中国的地质调查所来比一比。

单就地质家和工作队的数目讲起来，苏俄比我们多一百倍！

经费的比例，因为很难决定卢布的价值，不能如此单简。但是我们可以拿最低的汇兑价钱——六块钱等于一百卢布——计算，一万二千万卢布也等于七百万元华币。这个数目恰巧比我们实业部发给地质调查所的经费大一百倍！

又如他描写俄国旧都那个地质研究所里那些地质学者（《独立》一一八号）：

……这几位学者对于中国地质工作出乎我意料之外的留心。Tetiaeff 说："翁文灏先生说的'燕山期'造山运动，与西伯利亚也有关系的。"Edelstein 说："你讲'丰宁系'地层的文章，我拜读过了。详细的报告几时出版？"Lichareff 说："葛利普本事真大！何以能一年写那么多的书？"Fredericks 说："李四光先生对于'太原系'有新的研究吗？我很想把这系归入中石炭纪，可惜李先生的纺锤虫不同意！"Lichareff 笑说："哈哈！岂但中国的纺锤虫不同意，我们也都不同意。"

这几位地质学者，一个说法国话，两个说英国话，一个说德国话，在君自己能说法、英、德三国话。所以这种谈话使他"感觉科学是超国界的"。

又如他记他在旧都的 Hermitage 宫里藏的古代昔西昂人（Scythian）的黄金器一段（《独立》一一九号），也是很有趣味的：

安特生（J. G. Andersson）在北平的时候买到许多带头，马衔口之类的小件铜器。其中最普通的花样是动物式的（Animal Style）。大多数的动物是鹿，都是头仰着，连在背后；前脚向后，后脚向前，屈曲在腹下。以后他知道这些铜器是从河套来的，所以他叫他们为绥远铜器。除去动物式的物件之外，还有一种短剑，长不到一尺，柄与剑连合的地方有一个扁心式的护手。这种短剑与动物式的铜器都是西伯利亚爱尼色流域铜器的特色。最有名的是 Minusinsk 城所发现的古物。这种铜器，波斯北部，欧俄南部也有。而最震动一时的是南俄黑海北面古代昔西昂人（Scythian）坟墓里所发现的东西，因为那些古物大部分是黄金的。

昔西昂人的金器全藏在 Hermitage 宫里。……一扇铁门开了进去，两间小屋排满着玻璃柜子，里面全是金器。冠饰、衣饰、用具等等，都是用黄金做的。花样的精致匀称，种类繁复，决想不到是先史以前游牧民族的产品。可惜我去得太晚，等得太久，没有能逐一的观察记录。只知道，用金器殉葬是在昔西昂人未到南俄以前土人本来有的风俗，——或者土人（西曼利人 Cimmerian）原与昔西昂人同族。时代愈后，希腊人的影响愈大，到了纪元前二世纪，花样几乎丧失了本来的面目。纯粹昔西昂人的金器几乎完全与西伯利亚和绥远的铜器一样。足见得先史前欧亚交通的密切，文化的接触交换是很明显的事实。

＊　＊　＊

游记的最精彩、最生动有趣的一章是作者描写在巴库遇见的一位地质学者梅利可夫先生（Melikoff）。此人是 Azerbaijan 石油总管理局的副课长，在君参观巴库时，局中派他招待。他虽不能说外国话，谈话需要翻译，但他是一位有天才有经验的教授，他指着墙上的新地质图，不到一小时，把高加索石油矿的地质，提纲挈领的给在君讲得清清楚楚——这就是在君记下来的《巴库油田的概略》（《独立》一五六号）。

那天下午，他同在君坐汽车出去看地层和构造。在巴库西南的一条长岭上，梅利可夫手指口讲，讲那个大区域的地层构造。讲完了，他叫汽车开到一个山脚下等着，他带了在君，离开了大路，下坡一直向谷底走去。沿路上，他逐一指示他的客人，叫他逐次观察所讲的地层构造。在君说：

> ……梅利可夫不但地层很熟，讲解很清楚，而且他万分的热心。我固然心领神会，连那位不学地质，不走长路，穿了长管皮靴的翻译，也乐而忘倦，一面翻译，一面点头会意。我于是才了解科学兴趣入人之深！

　　……他告诉我说:"含油地层里面大的化石很少,偶然有的是蚌属的 unio,但不容易遇着。"走不几步,他忽然离开大路,爬上坡去十几步,指着一块石头道:"这里就是一个!"我一看果然是一个 unio,我要拿锤打下来做纪念。他拦住我,说:"我还要留着他教别的学生。"……我笑道:"梅利可夫先生,谢谢你也把我当做你的一个学生。"他说:"做我的学生不是容易的。丁先生,你先把今天看见的地层和构造,复讲给我听听看。"我于是像学生背书一样,把今天听见的、看见的,逐一的复讲一遍。他哼了一声道:"你的记性不错。不要忙,我还要考实习呢!"于是我们坐上汽车,顺着铁路向南走,遇见新的地层,他就下来问我:"丁先生,这是什么地层?"如是四五次,我答复得不错。他才呵呵大笑起来:"丁先生,你实习也及格了,我收你做学生罢!"

他们同去参观了两处油田,天已不早了,梅利可夫提议同到一个海水公园去。到了公园,天已昏黑,却没有人。梅利可夫和他们的翻译要洗海水浴。洗完了浴,回到巴库,已经八点过了。

> 梅利可夫说，明天他要到南油田去，不能再见面了。我对他说："我很感谢你，你是我生平最好的先生！"他答我道："我也很谢谢你，你是我生平最好的学生！"

在这一大段文章里（《独立》一六八号），一位最有天才又最有经验的中国地质学教授遇见了一位最有天才又最有经验的俄国地质学教授，他们在那里海南头的巴库石油矿山上合演一幕最可爱的好先生教好学生的喜剧，他们演完后，彼此互相爱慕——他们从此就不再相逢了。

* * *

无疑的，在君在苏俄遇见的几位地质学者，如列宁格拉的地质研究所的几位古生物学者，如巴库石油总管理局的梅利可夫先生，都曾在他心目中留下很好的印象。这种好印象足够使我们这位不是完全没有成见的朋友愿意忽略他在苏俄旅途中亲眼看见的一些不好的印象。

这些不好的印象，他也老实地记录下来。

例如他去苏俄做地质旅行，原是中国地质调查所写信给苏俄地质研究所所长莫虚克读夫接洽的，信去了四个月没有回音；到在君上船那一天，莫虚克读夫的回电来了，很欢迎他到苏俄去做地质旅行，并且约他在华盛顿见面。哪知道，当他从上海到华盛顿的二十三天之内，莫虚克读夫——苏俄中年学者里一位国际最知名的人，——已经不是地质研究所所长了！

又如在君详细叙述的他办理苏俄入境手续的种种没有理由的困难，——直到他自己到了柏林的苏俄旅行社里，忽然无意之中得着一种近于"灵迹"的"奇遇"（《独立》一○九号），这些困难才"都随着'奇遇'迎刃而解了"！

又如他屡次记载的卢布汇兑率的不规则：他初到莫斯科，用十个马克换五个卢布。过了许久，他才知道六个马克可以换一百个卢布。就是在沿路旅馆里一个马克也可以换八个卢布。

又如他屡次写旅馆里和火车上臭虫之多，——那是他生平最怕又最厌恶的一件事。

有时候，他似乎有意的把苏俄共产党颂扬苏俄成绩的话和反对共产党的人的话，一样的老实记下来。他在图喇同一个工程师去看一个铁厂。那个工程师是个共产主义的信徒，沿途向他宣传苏俄革命后的成绩："不几年苏俄就要变为世界第一个工业国了。现在富农已经消灭将尽，农业大部分集团化工业化，粮食问题不久可以完全解决了。到那时候，个人尽他的能力服务于社会，社会看各人的需要供给个人。……"（《独立》一四六号）但在君又记他从莫斯科到巴库的火车上，有一位反对共产党的旅客，会说德国话，他四顾无人的时候，就指给在君看道："乌克兰（Ukraine）是我们最富的地方。先生，你看，那里许多麦子放在地里烂着，没有人去收！呵！去年冬天，今年春天，这一带荒年，许多农民都饿死了！"（《独立》一五二号）

*　*　*

因为《苏俄旅行记》的下半部没有写成，我们不能知道在君在苏俄作了四十天的地质旅行之后的最后结论。只在他回国后发表的几篇文字里，我们可以摘出他对于苏俄的态度有关的几个结论。他在《再论民治与独裁》一篇文字里（二十四年一月二十日《大公报》星期论文，《独立》一三七号转载），有这样一段话：

　　我少年时曾在民主政治最发达的国家读过书的。

　　一年以前，我曾跑到德意志苏俄参观过的。我离开苏

俄的时候，在火车里，我曾问我自己："假如我能够
自由选择，我还是愿意做英美的工人，或是苏俄的知
识阶级？"我毫不迟疑地答道："英美的工人！"我又
问道："我还是愿意做巴黎的白俄，或是苏俄的地质
技师？"我也毫不迟疑地答道："苏俄的地质技师！"

这一段话，因为他说这是他离开苏俄时候在火车上自己问答的
话，应该可以认作他的苏俄旅行归来的一个结论了。

在这两个答问里，他还是愿意承认英美的工人比苏俄的知
识阶级自由得多，同时他也毫不迟疑的愿意做苏俄的地质技
师，而不愿意做巴黎的白俄。

在后一个选择里，他的心目中也许不免怀念到他在苏俄遇
见的那几位很可敬爱的地质学者和古生物学者，也许不免怀想
到那比中国地质调查所工作人员多一百倍，经费多一百倍的苏
俄地质探矿联合局。同时我们在二十多年后评论他的"结
论"，也应该回想在君到德国是在一九三三年希忒拉（希特勒）
初登台的时候，他到苏俄是在一九三三年史太林（斯大林）还
没有走上两三年后大发狂大屠杀的时期。他在那时候只看见希
忒拉在短时期内打破了一切国际的束缚，把德国造成一个有力

量可以抵御外国侵凌的国家。他在那时候也只看见苏俄的领袖不顾一切困难，不惜一切牺牲，只埋头苦干，要把一个落后的国家变成"世界第一个工业国"。

我说，我们这位最可爱敬的朋友"不是完全没有成见的"。他的一个基本的成见，我在前面曾指出，就是他的宗教信仰：就是他那个"为全种万世而牺牲个体一时"的宗教。在他那个宗教信仰里，苏俄的三千个地质学者，二千队做田野工作的地质探矿技师，牺牲了一点物质享受，甚至于牺牲了个人的自由，而可以帮助国家做到"世界第一个工业国"的地位，正是"最富于宗教性"的牺牲。

*　*　*

在君的几个结论都可以说是很自然的，因为他对于苏俄向来怀着很大的希望，不但希望苏俄的大试验能成功，并且认为苏俄有种种可以成功的条件。

在他出国的前夕，他曾写一篇一万字的长文，题为《评论共产主义，并忠告中国共产党员》（《独立》五十一号，二十二年五月二十一日出版，正在他出国之前一个月）。在那篇长文里，他先叙述马克思的价值论，然后指出这种价值论"是很难成立的"。

他指出马克思在十九世纪中叶没有知道的两三件历史事实。如"近来的股份公司的股份往往在许多人的手里"。如"这七八十年来西欧北美工人的生活程度远高于马克思做《资本论》的时候，……就是在世界经济极端恐慌之下，在英国的失业工人所得到的失业津贴还远高于苏俄的工资"。又如近几十年来"欧洲许多国家都和和平平的把政权由封建贵族的手里转移到中产阶级手里"。这都是马克思没有梦想到的历史事实。

他在此文里，曾严厉的批评苏俄所谓"无产阶级的专政"。他说：

> ……照苏俄的现状，我们看不出一点平等自由的光明。不错，资本阶级是没有了。……统治的阶级，很廉洁，很努力，许多非共产党都可以承认的。然而平等则完全不是。……苏俄统治者的生活与平民是两样的。……权力和金钱一样，是很可怕的毒药。……从杀人，放逐，到自由平等是一条很远的路。……
>
> 自由是人类最近所得到的幸福，很容易失却，很难取得的。……苏俄的首领最相信科学，但是自由是养活科学最重要的空气。今天说，这是资产阶级的余

毒；明天说，这是与马克思、列宁学说违背。科学如
中了煤毒的人，纵然不死，一定要晕倒的。

在这样严厉的批评之后，在君的论调忽然一变，表示他希望苏
俄的大试验能够成功。他说：

> 我虽不赞成共产主义，我却极热忱的希望苏俄成
> 功。没有问题，苏俄的共产是一个空前大试验。如果
> 失败，则十五年来被枪毙的，饿死的，放逐的人都是
> 冤枉死了，岂不是悲剧中的悲剧？而且我是相信经济
> 平等的。如果失败，平等的实现更没有希望了。

在这几句话里，我们可以看出在君有几点不自觉的矛盾。第
一，他在上文说，"从杀人，放逐，到自由平等，是一条很远
的路。"他现在说："如果失败，则十五年来被枪毙的，饿死
的，放逐的人都是冤枉死了！"这岂不等于说："如果成功，
则十五年来被枪毙的，饿死的，放逐的人都不算是冤枉死的
了！"这里面好像又是在君的"为全种万世而牺牲个体一时"
的宗教在那儿作怪了罢？第二，在君在这长文里屡次说到"经

济平等"的要求是适合于时代要求的，但他又分明指出苏俄并没有做到经济平等，何以他又说，苏俄"如果失败，平等的实现更没有希望了"？这已够矛盾了。他在此文前面又曾说："不是有自由，绝不会得有平等的。"（页九下）何以他又把"平等的实现"的希望寄托于那个否认自由的苏俄大试验呢？这就更矛盾了。

所以我个人推想：在君"极热忱的希望苏俄成功"，同他的"信仰"很有关系。他自己说，他的"信仰"的"一部分是个人的情感，无法证明是非，难免有武断的嫌疑"。他那个"信仰"里，一部分是那个"为全种万世而牺牲个体一时"的宗教。其中还有一部分就是那"经济平等"的理想。《我的信仰》里有这一段：

> 所以我一方面相信人类的天赋是不平等的，一方面我相信社会的待遇（物质的享受）不可以太相悬殊。不然，社会的秩序是不能安宁的。近年来苏俄的口号："各人尽其所长来服务于社会，各人视其所需来取偿于社会"，是一个理想的目标。
>
> ——《独立》一百号，页十一

他所谓"近年来苏俄的口号",他当然知道那是百年来社会主义和共产主义共同的口号。

所以在君的宗教是很接近共产主义的。所以《我的信仰》的末节有这样的解释:

> 然则我何以不是共产党的党员?第一我不相信革命是唯一的途径,——尤其不相信有什么"历史的论理"能包管使革命成功,或是在任何环境之下革命一定要取同样的方式。第二我不相信人类的进步除去了长期继续努力以外,有任何的捷径。所以我尽管同情于共产主义的一部分〔或是大部分〕而不赞成共产党式的革命。

请注意,那括弧里"或是大部分"五个字是他原文有的。

* * *

除了这种"宗教"的信仰之外,在君所以希望苏俄成功,也是因为他平时研究世界各国的资源与国力,认为苏俄比较的具有种种可以有为的物质条件。他在那篇《评论共产主义,并忠告中国共产党员》的后半,曾指出苏俄革命时的国情物力都比我们中国优越得多多。他指出的有这些：

> 一九一七年，俄国已经有七万公里的铁路，有组
> 织极密的警察，有与德国作战三年的军队。
>
> 一九一七年俄国革命时，国家银行的金币有十二
> 万万九千五百万卢布，储蓄银行的存款有十六万万八
> 千多万卢布。
>
> 欧战以前俄国是个出超的国家，每年超出在四万
> 万卢布左右。
>
> 俄国革命前有一万万七千五百万公亩已耕之田，
> 有四千万公亩可耕而未耕的田，全国人民每人可分一
> 点七公亩，约等于华亩二十五亩。
>
> 俄国有九百兆公亩的森林。
>
> 俄国有三千兆吨的石油储量，欧战以前每年已出
> 产到一千万吨。
>
> 欧战以前，俄国每年出产四百九十万吨钢铁。

这种种条件都是苏俄革命政府的资本，都是在君和他的地质界
朋友平时注意并且歆羡的。试举石油一项，苏俄在全世界

［占］第二位。革命以前，俄国已出产到每年一千万吨。革命以后，减到四百万吨。一九三一年已超过了二千万吨，已比革命前增加一倍了。一九三三年，——在君游苏俄之年——希望可加到三千万吨。（《独立》第一五六号）

在君常说，俄国至少是一个有产可共的国家。我们同俄国比，是一个无产可共的国家。所以他要去看看苏俄革命后十五年来的成绩，要去看看苏俄如何利用那许多可以有为的物质条件，在统一的国家，独裁的政治，计划的经济之下，在十五年之中造出了什么样子的成绩。苏俄的第一个五年计划，——后来缩短为四年零三个月，——是一九三二年十二月三十一日满期的。（看《苏俄五年计划的结算》，在君的七弟文治译的，见《独立》第五十号）这是人类史上第一次用一个极大规模的方案来统治一个大国的各种经济的、社会的、教育的活动。当时人把这第一个五年计划看作苏俄革命史上三大事件之一。［其他两大事件是一九一七年的布尔雪（什）维克革命和一九二一年的列宁新经济政策。］在君到苏俄是在第一个五年计划满期之后八个月。在君和我们前几年都曾提倡过"有计划的政治"。近几年来，我的思想稍稍改变了，颇觉悟古代哲人提倡无为的政治也是有一番苦心的，而有计划的政治经济都需要许多能计划与能执行的专家，是不容易做到的。在君却正是能计划又能执行的科学政治家，所以他对于苏俄的极大规模的有计划的政治经济大试验，抱着极大兴趣，"极热忱的希望他成功"。他在出国之前发表的那篇长文里，曾说：

> 如果〔苏俄〕成功，如果用苏俄的方法能使国民生活程度的逐渐的提高，生产和消费相均衡，我很相信，用不着剧烈的阶级斗争，西欧北美都要共产，至少现行的资本制度要彻底改变，快快的走上平等的路去。
>
> ——《独立》第五十一号，页十一

这真是很大的奢望了！如果他用这两个标准——"使国民生活程度提高，使生产和消费相均衡"——去估量苏俄的成功与否，那么，他此次游历苏俄归来应该是很失望的。

我们看他的游记，他并没有多大的失望。他充分地了解，这种绝大规模的计划的建设决不是四五年短时期之内就可以判断成败的。他的游记使我们知道，单在他自己所学的方面，集合三千个地质家做研究设计，二千队在野外工作，其中五百队是做地质图的，——那种规模，那种气象，是曾使他感觉大兴奋的。他的苏俄旅行，时间只有四十天，地域只限于新旧两首都和南俄的油田煤矿铁厂水电厂。但因为他是一位有科学训练的观察家，又是一位有政治兴趣的爱国者，他的观察和从观察所得的教训似乎都曾影响到他最后几年的思想，特别是他的政治思想，并且似乎也曾影响到他最后几年的工作的方向。

*　*　*

因此，我要在这里略述在君从苏俄归来后的政治思想。

他的政治思想，见于这些文字：

《我的信仰》（二十三年五月六日）　　　　　《独立》一百号

《实行统制经济的条件》（二十三年七月一日）

《独立》一〇八号

《民主政治与独裁政治》（二十三年十二月十八日）

《独立》一三三号

《再论民治与独裁》（二十四年二月三日）　《独立》一三七号

《科学化的建设》（二十四年五月七日广播）《独立》一五一号

《苏俄革命外交史的一页及其教训》

（二十四年七月二十一日）　　　　　《独立》一六三号

他从欧洲归来，继续在北京大学教了两学期的地质学。二十三年（1934）六月十八日他到中央研究院担任总干事的职务。这些文字之中，后五篇都是他在中央研究院的时期发表的。

《我的信仰》一篇，我已在第十二章和本章摘引了大部分，其中有两段专说他的政治思想。他说：

> 人不但不是同样的，而且不是平等的。……宗教
> 心（即是"为全体万世而牺牲个体一时"的宗教心）
> 是人人有的，但是正如人的智慧，强弱相去得很远。
> 凡是社会上的真正的首领都是宗教心特别丰富的人，
> 都是少数。因为如此，所以我对于平民政治——尤其
> 是现行的议会的政体——没有兴趣。

在这一点上，他并没有骤然的变化，他是向来鼓吹"少数人的责任"的重要的。（看他在《努力周报》时期写的《少数人的责任》）但他在一九三三年出国，不但是希忒拉刚登台，不但是史太林的第一个五年计划刚结束，他到美国时又正值罗斯福的"新法"的第一个半年，正当美国国会把许多紧急时期的国家大权都授予罗斯福的时期。所以在君环游世界归来，不免受了那个时期的政治影响，他不但对于议会政体"没有兴趣"，他

要公开的讨论他所谓"新式的独裁政治"了。他接着说：

> 同时我也不是迷信独裁制的。在现代社会中实行
> 独裁的首领，责任太重大了，任何富于天才的人都很
> 难称职。何况这种制度的流弊太显明了。要能永久独
> 裁，不但必须消灭政敌，而且要使政敌不能发生，所
> 以一定要禁止一切的批评和讨论。在这种制度之下，
> 做首领的腐化或是盲化，只是时间问题。

这下面就是他的"新式的独裁"的方式了：

> 我以为，假如做首领的能够把一国内少数的聪明
> 才德之士团结起来，做统治设计的工作，政体是不成
> 问题的。并且这已经变为资本主义、共产主义国家所
> 共有的现象，——罗斯福总统一面向议会取得了许多
> 空前的大权，一面在政客以外组织他的"智囊团"，
> 就是现代政治趋向的风雨表。

取得了许多空前的大权，又能够组织一国的才智之士来做设计

统治的工作：这是他在一九三三年从海外"资本主义、共产主义国家"得来的"现代政治趋向的风雨表"。

我们几个老朋友在那个时期颇有批评在君不应该提倡独裁的政治的。在二十多年后，我们回头细读他的政论文字——最好是把他晚年的几篇政论放在一块读下去——我们方才能够认识他的爱国苦心，他的科学态度，他的细密思考。他的《实行统制经济的条件》和《科学化的建设》两篇更值得我们细读。

那个时期最时髦的两个口号是"统制经济"和"建设"。在君指出"统制经济"必须先具备三个条件：

> 没有问题，第一个条件是要有真正统一的政府。……中国没有哪一省是可以自给的。……山西如此，北方各省都是如此。扬子江流域所烧的煤，所用的棉花，都不能不仰给于北方。……南北如此，东西亦复如此。
>
> 第二个必需条件是收回租界，取消不平等条约。……统制棉业而外资的纱厂不能过问，统制航业而外资的船只不就范围，统制煤业而外资的煤矿不受支配，统制的目的如何可以达到？……现在我们的银行

大大部分在租界里，可以利用的现金大大部分在外国
银行里，……一旦有统制的消息，资本在几分钟之内
可以逃得干干净净！……

　　第三个必需条件是行政制度先要彻底的现代
化。……现代化的行政制度，第一要有廉洁的官
吏，……第二行政组织要健全。……第三握政权的人
要能够信任科学技术，识别专门人才。

他总括起来说：

　　以上三项，原本是建设新中国的途径，不仅是实
行统制经济的条件。

他很沉痛地指出，若没有这些条件而妄想施行经济的统制政
策，其危险可比"把一个心脏很弱的人交给一个毫无经验的医
生，用重量的麻醉剂麻醉过去，再用没有消过毒的刀子把肚子
破开看看。这种病人没有不死在解剖台上的！"

这篇文章颇侧重消极的阻止当时各省与中央的各种统制政
策。所以当时有人曾说："丁在君也走上胡适之的无为政治一

条路了!"

《科学化的建设》是他在中央广播电台的讲稿,最可以表现他的积极的主张,最可以表现他所谓科学设计的经济建设是什么。他指出:

> 建设如果要科学化,第一,建设的费用非有外资的输入不能超过国民经济的能力。建设用款全数是固定的投资,……本钱的收回为期甚远,所以在一种经济现状之下,这种投资可能的总数是与国民全体的收入有相当的比例。
>
> 一九二九〔年〕以前,美国国民的收入平均每人有七百元美金。其中六分之一为储蓄,储蓄总数的一半为固定投资。……以美国国民收入如此之多,而固定投资还不过国民收入总数百分之九。
>
> 苏俄的国民收入为一百五十卢布,而第一个五年计划时用于固定投资之款占国民收入百分之二十以上,因而全国人民食不能饱,衣不能暖。因为收入越少,越不容易储蓄,储蓄之可以用于固定投资的部分更不能大。否则人民必受痛苦。

在君说的这第一点是最关重要的一个问题，但这是苏俄的独裁首领所绝不顾恤的。

在君指出的其余几个要点是：

> 第二，是要有轻重缓急的标准：宁可少做几件事业，但是一定要有始有终。……新设立的机关，……如果不能继续，则过去花的钱都是白费的了。

> 第三，建设当然要有统一的职权。……国家应该把要建设的事项做一个整个的计划，把各事项所需要的研究、设计、执行，与普通行政分析清楚，再考察现有各机关的成绩与人才，然后决定他们的去留增减。

> 第四，凡百建设，未经实行以前必须有充分的研究与设计。……近代的建设事业太复杂了，没有相当的研究与设计，不会得侥幸成功的。……民国十八年华洋义赈会在绥远开的民生渠，一共费了八十万元，而事前没有测量，许多地方渠身比河身还高，河水流不进渠内，至今全渠成了废物。

最后，他指出建设应该包括人才。"假如国家不能养成专门的技师，一切专门的事业当然无法着手。比专门技师尤其重要的是任用专门技师的首领。假如他们不能了解科学的意义，不能判断政策的轻重，不能鉴识专门的人才，则一切建设根本不会成功的。"

*　　*　　*

我们必须先读了上面摘引的几篇文字，然后能够了解在君所主张的"新式的独裁"的意义。他在前引的两篇文字里，最后总归结到"握政权的人要能够信任科学技术，识别专门人才"；归结到那些"任用专门技师的首领"能够"了解科学的意义，判断政策的轻重，鉴识专门的人才"。

他在民国十四年初见孙传芳时，曾说他自信能够替国家办一个现代化的军官学校。十年之后，他好像已抛弃那个梦想了，他的新志愿好像是要为国家做一个"科学化的建设"的首领，帮助国家"判断政策的轻重，鉴识专门的人才"。他放弃了他最心爱的教学生活，接受了蔡元培院长的请求，担任起中央研究院的总干事，正是因为他认清了中央研究院的使命是发展科学的研究，领导全国学术机关的合作，帮助国家设计经营科学化的建设。他在那个时期主张"新式的独裁"，也是因为他诚心的相信他所谓"新式的独裁"是同他生平的宗教信仰和科学训练都不相违背的，是可以领导全国走向"建设新中国"的路上去的。

他在《民主政治与独裁政治》一篇短文里，曾明白规定"新式的独裁"须具有四个条件：

一、独裁的首领要完全以国家的利害为利害。

二、独裁的首领要彻底了解现代化国家的性质。

三、独裁的首领要能够利用全国的专门人才。

四、独裁的首领要利用目前的国难问题来号召全国有参与政治资格的人的情绪与理智，使他们站在一个旗帜之下。

他的结论是：

我已经说过，目前的中国，这种独裁还是不可能的。但是我们大家应该努力使他于最短期内变为可能。放弃民主政治的主张，就是这种努力的第一个步骤。

*　*　*

当时我有《答丁在君》一文（《独立》一三三号），还有一封信责备他。他有长文答复我和别人的责难文字，题为《再论民治与独裁》。我在二十年后重读此文，他的最末一段说他"离开苏俄的时候，在火车里，问自己"的两个问题，那是至今天还很动人的文字，我已引在前面了。此文中，最使我感动，最使我了解这位死友当日的真情绪的是这一段：

中国式的专制原来是不彻底的，所以我们饱尝专制的痛苦，而不能得独裁的利益。"九一八"事变刚发生的时候，有一位反对国民党的朋友对我说："蒋介石一定和日本人妥协，国民党一定要卖国了！"我回答他道："我希望你这话是真的。但是我恐怕事实上是做不到的！"二十年（1931）十一月胡适之先生写了一封长信给宋子文先生，主张及早和日本人交涉。我告诉他道："我是赞成你的主张的。可是国民党的首领就是赞成，也不敢做，不能做的，因为他们的专政是假的。"这就是我们的前车之鉴。

这一段是很伤心的话，在君在这里很感慨的指责国民党的专政是"假的"，是旧式的专制，而不是他所梦想的"新式的独裁"。他的"新式的独裁"的第一个条件是"独裁的首领要完全以国家的利害为利害"。"九一八"事变之后，政府的首领不敢及早交涉，也不能及早交涉，就是不能"完全以国家的利害为利害"，就是够不上"新式的独裁"的第一个条件。

＊　　＊　　＊

在君还不肯抛弃他期望我们国家的首领做到"新式的独裁"的痴心。二十四年的七月二十一日，他又发表了一篇最动人的文章，题为《苏俄革命外交史的一页及其教训》——这是他一生最后的一篇政论了！

他那篇文字详细叙述列宁一力主张单独向德、奥、布、土四国提议停战，并派托洛茨基去议和，最后签订那个赔款十五万万元美金割地约占全国百分之三十的《布列斯特——立陶乌斯克（Brest-Litovsk）条约》。在君为什么要重提这件历史故事呢？他说：

> 我所以要旧事重提者，是因为当日苏俄首领的态度和策略很足以做我们当局的殷鉴。……

华北是我们的乌克兰。湖南、江西、四川是我们的乌拉尔——古士奈茨克。云贵是我们的堪察加。我愿我们的头等首领学列宁，看定了目前最重要的是哪一件事，此外都可以退让。我愿我们的第二等首领学托洛茨基：事先负责任，献意见；事后不埋怨，不表功，依然的合作。我愿我们大家准备退到堪察加去！

这是"一个真实的爱国者"丁在君的最后的哀呼！

十七 "就像你永永不会死一样"

在君的最后的哀呼里，曾说：

> 华北是我们的乌克兰。湖南、江西、四川是我们
> 的乌拉尔——古士奈茨克（Ural-Kusnetsk）。云贵是
> 我们的堪察加。

当他说这话的时候，——二十四年（1935）七月，——"我们
的乌克兰"已是十分危急了。华北是中国的重要富源，是供给
全国工业原料和工业动力的主要区域。河北、山东、山西、河
南四省占有全中国百分之五十六的煤矿储量，是世界煤矿最富
的一个区域。所以说是"我们的乌克兰"。一旦华北落在敌人
的手里，长江下游以及沿江沿海的工业就都没有煤烧了！

　　那个时候，政府正在利用中英庚款的借款，努力完成粤汉铁路中间没有完成的一段。当时参预设计的人们，——在君与咏霓都在其中，——正考虑粤汉路全线的煤的供给问题。万一华北不能保全了，万一平汉铁路不能继续运煤南下了，这个煤的供给问题当然是最关紧要的了。

　　因为这个问题的重要性，在君决定自己去湖南考察粤汉路一带的煤矿储量与开采现状。他特别注意湖南湘潭县谭家山煤矿的储量，因为那个矿是"沿粤汉铁路唯一的重要煤矿"。但根据以往调查的报告，这个矿的"煤系地层成一向斜层，煤层的倾斜很大，施工困难"。在君要自己去做一次更详细的调查，要考察"煤层的倾斜角度是否愈下愈小。如果愈小，这个向斜是有底的。不然，就会像无底的一般，矿的价值随之减损"。

　　因为这是一个科学的调查，在君决定自己出马。当时也有人劝他派人去调查，不必亲自去。他说："……我觉得此种任务关系很大，所以我要亲自去看看，方可以使将来计划易于实行，我说的话和我们的主张方可发生较大的力量。"（以上据湖南地质调查所所长刘基磬先生的《丁在君先生在湘工作情形的追述》，《独立》第一九三号。）

　　据凌鸿勋先生的记载，在君当时是铁道部部长顾孟馀先生请他去探查粤汉铁路沿线可开的煤矿。凌先生曾追述在君的调查计划的大概：

> 在君先生以为湘南虽多煤，然苟非靠近路线者，则运输成本较重。举其距路最近，而较有开采价值者，湘潭有谭家山，耒阳有马田墟，宜章有杨梅山，广东乐昌有狗牙洞。谭家山产烟煤，且可炼焦。马田墟一带为华南最大之煤田，距铁路至近，惟系无烟煤。杨梅山、狗牙洞两处有无开采价值，则尚待研究。
>
> ——凌鸿勋《悼丁在君先生》，《独立》第一八八号

他只看了湘潭谭家山一处，就病倒了。

＊　＊　＊

二十四年十二月二夜，在君从南京到长沙，朱经农先生和刘基磐先生接他到湖南省政府招待所去住。三日，他和经农去看了几个学校，——视察学校也是他到湖南的任务之一，也是为抗日战事发生时准备容纳迁移的学术机关的。看完了学校，他对经农说，他要去拜访两个人，一位是早年带他到日本留学

的胡子靖先生，一位是他的恩师龙研仙先生的夫人。胡先生是明德中学的创办人，那天不在学校，没有见着。龙夫人的住址，那天查不出。龙先生和胡子靖先生是他终身不忘的。

十二月四日，在君到湖南地质调查所，和所长刘基磐先生及所中专家商量他在湖南调查的工作日程。他和经农约定次日去游南岳。

五日，他和经农和清华大学教授张子高先生坐汽车去游南岳，在山脚下午饭后：

> 雇轿上山。在君虽雇一轿，始终未坐。子高和我（经农）沿途游览风景，在君则工作极忙，忽而俯察岩石的裂痕，忽而量度气压的度数。……久雨之后，天忽放晴，我们缓缓登山，云雾也缓缓消散。未及半山，日朗气清，群峰在望。大家都很高兴，决定当夜在半山亭下中国旅行社新屋过夜。安置行李之后，三人同至烈光亭读龙研仙先生的纪念碑。在君在碑前徘徊甚久，并为我们追述当年如何遇见研仙先生，研仙先生命他作《通西南夷论》，劝他研究科学，并托胡子靖先生带他出洋。谈话之中，流露出深切的情感。

　　旋沿山径，行过新造的三座石桥，……缓步归来，则已山月窥人，树影满地了。……

　　六日黎明即起。……在君出其晚间所作诗稿相示。

经农追记在君那晚上作的诗凡四首，两首是《烈光亭怀先师龙研仙先生》，我已抄在第二章里了。一首是《宿半山亭》：

　　延寿亭前雾里日，香炉峰下月中松。
　　长沙学使烦相问，好景如斯能几同？
　　（经农追记如此。末句"同"字可能是"逢"字？）

我最喜欢的一首是《麻姑桥晚眺》：

　　红黄树草留秋色，碧绿琉璃照晚晴。
　　为语麻姑桥下水，出山要比在山清。

六日早晨，他们继续上山。经农记云：

在君依然勘地质，测气压，计算步数，缓缓前进。过了南天门，山风怒号，吹人欲倒。……我们逆风而行，呼吸都觉得困难。在君依然继续做他的勘测工作，并不休息。到了上峰寺，他还余勇可贾，立即走上祝融峰。

午间在上峰寺吃面，他即在寺中整理笔记。据他测算所得，南岳约高一千一百米突。他慎重声明，此种测算不甚可靠。必须山上山下同时测验，……才能正确。不过大体看来，衡山不及庐山高。……

当晚宿山下中国旅行社。

七日清晨，在君乘粤汉路局派来的汽车赴谭家山勘矿，子高与我同回长沙。

——朱经农《最后一个月的丁在君先生》，

《独立》第一八八号

据后来协和医院娄克思医生（Dr. H. H. Loucks）的综合诊断，在君的病虽起于煤气中毒，但主要的病是脑中枢血管损坏，而致病的一个原因就是他那两天的步行上衡山，直到山顶祝融峰。

* * *

致病的另一个原因是谭家山勘矿的辛苦。据刘基磐先生转述地质调查所王晓青先生的报告，那天勘矿的情形是这样的：

> 七日晨九点钟，在君先生由南岳乘铁路局汽车到茶园铺。此地距矿山约十五里，有人主张雇轿去，但在君先生坚不肯从，决定步行。未及休息，即向谭家山进行。沿路所见的岩层，他必仔细测量其倾角及走向。……

> 到谭家山后，他见山顶岩层近于直立，谓如此陡峭的向斜层煤系，不知深至何处始相会合。先是沿途所见岩层倾角亦大，在君先生对于本煤田的构造就怀疑虑。到谭家山，他并不稍休息，即沿谭家山东侧田园，经萍塘曾家山冲，到东茅塘一带查询土窑情形。……从东茅塘西折至牛形山昭潭公司，已是下午二时了。

> 午餐后，下洞考察。矿洞倾角四十五度，斜深一百七十公尺。洞内温度甚高，着单衣而入，亦汗流浃背。然年事已高的在君先生竟不畏艰苦，直到洞底，

亲测煤系倾角及厚度，始行出洞。事前王晓青君劝请勿入，由他代为下洞勘测，亦不允许。

在君先生出洞时，衣服已尽湿。由洞口到公事房，约百余公尺，洞外空气是极冷的。在君先生经过这百余公尺的旷野，到公事房，坚不肯入浴，因为已是下午五时，他还要赶回南岳歇宿。他将汗湿的衣服烘干，加上外衣，径回茶园铺车站，坐路局的汽车回南岳。

在君先生考测谭家山煤田的结果，认为煤系倾角过大。他说，若想知道煤系陡插入地若干深度之后始行变平，须再从向斜层轴线上加以钻探。

——刘基磐同上文

娄克思先生认为在君那天下那"倾角四十五度，斜深一百七十公尺（等于五百五十八英尺）"的矿洞，也是他后来脑中枢血管损坏的一个原因。

在君从苏俄回来，就感觉两手两脚的指尖有点麻木，他就进协和医院去检查身体。检查的结果，认为有血管硬化的征象，医生曾劝他多休息，不要太劳苦。他向来做地质旅行，总

242

是"登山必到峰头，移动必须步行"的。这回他到湖南，游兴又发了。衡岳之游，他走上三千六百英尺高的衡山。谭家山探矿，他走下六百英尺斜深的矿洞，热到衣服全湿了，出到洞口，天气极冷，他不肯洗澡，把湿的衣服烘干了，他就走了。这样从极热的洞底走出到极冷的旷野冬风里，他那天就伤风了。因为有点伤风，所以他第二天在衡阳生了炉火，闭了窗子，才睡觉，那晚就中了煤气毒了。

在君在二十三年（1934）七月十七日给我一封信，信尾说：

> 上火车时，听说半农生病，以为无妨，不料他竟死了，听见了很怅然。许多人以为我旅行太小心，太求舒服。其实乃〔是〕我很知道内地旅行的危险，不敢冒无谓的险。假如半农小心点，——多用杀虫药粉，而且带帆布床，当然不会把性命送掉的。

信中说的是刘半农先生。二十三年半农到绥远去调查方言，搜集歌谣，路上得病回北平。七月十四日进协和医院，诊断为回归热，当天就死了。这种病的微菌，在内蒙古一带，往往是由蚤虱传染的，土人称此病为"蒙古伤寒"。在君在内地旅行最小心，故他责备半农不小心，竟"把性命送掉"。谁也想不到在君自己在一年半之后也把性命送掉，——主要的原因也是不小心，并不是不小心忘了带杀虫药粉和帆布床，只是不小心忘了医生的警告，忘了他是已有血管硬化征象的中年人了，忘了他已不是二十年前在金沙江上爬上一万多尺高山顶上的少年人了！

*　　*　　*

十二月八日，在君到衡阳，凌鸿勋先生请他住在粤汉路株韶段路局宾馆。那天是星期天，这两个老朋友相约休息一天，他们谈得很高兴。晚上在君在凌先生家吃饭，九点凌先生送他到宾馆，约定了明天同去耒阳看马田墟煤矿。

以下是凌先生的记载：

> 九日晨七时半，余扣先生户，知尚未起，其仆谓久撼而未醒。室中有壁炉，曾于先一日下午生火，先生睡时将所有气窗关闭，于是同人决为中毒，立召铁路陈、袁二医生至。时呼吸仍有，而脉已微。急施救治，不见醒转。察其枕下遗有安眠药瓶，少去三片，因决系夜睡过熟，致中毒不觉。……是日午间〔将在

君先生〕由宾馆移至教会仁济医院。是夜湘雅医院杨

济时医生自长沙至。但至十日上午仍未见醒,余乃急

电询翁咏霓先生,而在君先生于十日晚即已醒转。

他中煤气毒,是许多因素的凑合。第一,他从矿洞里出来,就伤风了。那天晚上他洗了澡去睡,想出点汗,故关闭窗户。第二,他缺少用壁炉的经验,更没有料到那晚上大风雨,壁炉烟囱的煤气出不去,反吹回屋里来了。第三,在君的鼻子本没有嗅觉,闻不出煤气。第四,他的习惯要睡足八小时,因为次日要去看矿,他服了一片安眠药。——这许多因素不幸凑合,造成了绝大的悲剧!

中煤气毒,是北方人常见的事。但株韶路局的医生都是南方人,从没有这种经验,他们把病人当作溺水的人救治,做了六小时的人工呼吸,以致病人的左胸第五肋骨折断,胸部受伤。正如傅孟真说的:"并未停呼吸,何用人工呼吸!"这确是一大错误。

在君的肋骨折断,胸部受伤,经过两星期之久,未请外科医生验看。直到十二月二十四日才请湘雅外科主任顾仁医生(Dr. Phillips Greene)诊视,才抽出五百五十公撮的稀脓液,

所以傅孟真在十二月二十八日从长沙给我信上说：

> 湘雅医院很不坏，万分尽心。其内科杨主任（济时）非常尽心，可感。然杨主任似未免忽略了院中的外科主任。我感觉此外科主任顾仁（Greene）人与本事都好。若不是他，在君已不救了。……若早找顾仁来细看看，或者〔左胸积脓〕不至积久而暴溃。

这是第二个大错误。

*　*　*

在君昏迷了四十多个钟头。当九日晚九时杨济时医生赶到诊视时，他说：

> 丁先生颜色紫红，呼吸深而促，瞳孔反应甚微，口唇流血，并已置口腔扩张器，下门牙去其二，口腔破裂处颇多。脉搏一百三十余，血压一百四十点八五。肺底有少许水泡音，腹部肿胀，四肢痉挛，尤以右侧为甚，右踝呈阵挛反应。因疑煤气中毒外尚有其他变化。

口腔破裂，门牙去其二，用口腔扩张器，都是衡阳医生用人工呼吸时防阻牙关紧闭的法子。杨君的救治是：

> 即行静脉注射葡萄糖液及胰岛素，除去口腔扩张器，洗通大肠。当晚十一时，即见呼吸稍舒缓，但仍未出昏迷状态。
>
> 十日晨，眼球及瞳孔反应稍见灵敏，痉挛亦见进步。再行注射葡萄糖液及胰岛素，并于肛门注射大量的水分〔皆以救体内水分枯竭，血液凝滞之危〕。
>
> 十日午后，两目已自能转动，肺部仍呈水泡音，右底尤多，且时咳嗽。
>
> 十一日晨，即能饮牛乳及水分，目已开张，呼之亦稍能应声，及作简单之动作。午后可作简单之应对。翁文灏、朱经农、丁文治、戚寿南诸先生于是日晚九时抵衡阳，丁先生已能一一认识。
>
> ——杨济时《丁在君先生治疗经过》，《独立》第一八九号。下引杨君诊断，同见此文。

以上记在君第一次脱险。

* * *

十二月十四日，杨济时医生再由长沙到衡阳，此次诊断，"发现前乳左乳头外一寸余之处，有一元银币大的一块肿起，扣之剧痛。水泡音仍存在，其余状况良好。"诸友与诸医师商量，因为衡阳没有 X 光器具，湘雅又没有可以携带出门的 X 光器具，衡阳也没有受过高级训练的护士，所以大家决定于十五日把病人送到长沙湘雅医院调养。凌鸿勋先生和路局同人设计，把大货车装上窗户，改装成救护车，连床运载病人，并测量衡阳的街道，使这大汽车可以从医院后门直开到公路上，直达湘雅医院。

十五日（经农作十六日，此从杨君）十时半离衡阳，午后五时半到湘雅医院。杨医生说：

十六日下午拍照肺部 X 光，发现左右两肺底有少许发炎变化，且左胸似容有少量之水液。丁先生病势日有起色，左肺无其他变化，惟肿起处仍作剧痛。

此后自十五日至二十二日，经过甚为满意，能谈笑饮食。二十日曾要求嗣后每日下床行走，未允其请。

因为他到长沙后进步甚好，所以大家忽略了，未及仔细检查他的受伤情形，竟没有发现他的左边肋骨折断了一根，折断的肋骨之下已生脓了。这是二十三日病势忽然危急的原因。左肋骨折断了一根，是直到二十八日晨顾仁医生于第五肋骨处开割才发现的！

我在二十年后记载这个好朋友的得病以至不救而死的一段最可哀念的事实，我不能完全压制我的几桩惋惜。第一是在君自己没有严格的服从一个最好的医院的警告，在游兴和责任心的双重诱惑之下，爬上三千多英尺的高山，又走下六百多英尺斜深的矿洞。第二是他疏忽了内地仿造西洋壁炉烧煤的危险，晚上严闭了窗户睡觉。第三是衡阳的路局医生和教会的外国医生都缺乏北方老百姓的常识经验，很鲁莽的做了五六个钟头的人工呼吸，敲掉了病人的两个门牙，折断了他的一条肋骨，种下了"胸脓"的祸根。第四是中国内地最完善的医院，最尽心的医师，因为病人天天有进步，就忽略了他胸左的肿起和"剧痛"，让这胸脓一旦溃裂而不可救治。孟真当时也说："止是忽略。"（见他十二月二十八夜给我的信）但衡阳医生的糊涂鲁莽，长沙医生的忽略，都是我们信仰新医学的人应该牢牢记着的教训。这个教训是我们信仰提倡新医学的人应该作更大的努力，不但要注意设备的最新最完善，特别要注意医学校的教育和训练，要更严格的淘汰医学生，更严格的训练医学生，更加深他们的科学态度与习惯，要加强他们的责任心与一丝一毫不可忽略苟且的科学精神。——仅仅信仰西医是不够的！

＊　＊　＊

十二月十七日，我在北平接到朱经农的电报，说在君盼望我和孟真两人之中有一人能到长沙走一趟。我们打电报去问，是否病有变化？回电说，并无变化，只是在君愿意和我们谈谈。那时正是所谓"华北自治""冀察自治"的问题闹得最厉害的时期，孟真和我从十一月十九日起就成了反对这问题的主要分子。十二月九日，北平城内外的学生开始大游行请愿，并且鼓动各校罢课。——这就是中国共产党领导的"一二·九青年革命运动"。（看毛泽东《新民主主义论》页四三，及他书。）——"一二·九"正是在君中毒昏迷不醒的第一天。在学校方面，孟邻先生、周枚荪（法学院长）和我，为了学生罢课问题和学生南下请愿问题，正在竭力劝阻挽救。所以我是无法离开的。孟真一人南下，二十一日半夜到长沙。经农告诉他，在君身体进步甚好。"只是精神似还不大清楚"。

二十二日早晨，孟真见到在君，以下是他的报告：

250

星期（二十二日）晨，在君的话很多。经农觉得他语无伦次。弟听到却不然。……只是前后不甚一贯，且说话甚艰难，——拔了牙，口腔又有破处，——每节只说一句。未知其心理，自觉其如精神病也。……医云，煤气中毒本可留一种的精神错乱。但以弟所见，在君尚未有如此之证据。他谈到北方大局，谈到适之，……有本有原，全非精神错乱。有时说话，确似半睡中呓语，此或亦身体未复原之现象也。……

——孟真十二月二十六日给中央研究院同事赵元任、

唐擘黄、汪缉斋、李济之……诸先生信。以下

引孟真的话同见此信

这时候，丁夫人和五弟文澜已到长沙了。七弟文治早已来了。丁夫人主张趁怡和公司直达南京的船，把病人移到南京休养，船期是十二月三十日，再过两星期，水浅了，就没有从长沙直达的船了。孟真极力反对此议，还没有结果。病人自己大概是因为睡了十多天背酸之故，从二十日起，天天闹着要下床走动，医生不许可，孟真也力劝阻。

二十三日病体突然恶化，即起于下床。杨医生记载如下：

二十三日晨十一时，丁先生复要求暂为离床小坐椅上。此时因他意颇坚决，难以阻止，就由五六人维护下地，动作甚痛苦。半小时后，傅斯年先生即观察丁先生神色剧变，十一时三刻复扶入床。以前脉搏约在八九十之间，呼吸正常。十二时脉搏已增至一百十几，呼吸二十次，体温三十九。神志仍清，惟甚疲困，说话甚少。检查得左胸打诊甚浊，且有远离之气管音，即疑左胸有液体。午后行诊断穿刺，果发现红色脓液。

是晚即延请湘雅外科主任顾仁（Greene）医师诊视，复抽出约五百五十公撮之稀脓液。是晚体温呼吸即好转。

二十四日复行穿刺，唯得极少量之同样液体。脓胸之诊断既明，商请傅斯年先生请协和医院外科医师来湘诊视。

左肺底似有肺炎。体温在三九、四十之间。右臂痉挛更甚。不能言语。大小便失禁。不能入眠，出汗较多，故每晚需用大量之安眠剂。

*　*　*

二十四日下午一时，我得孟真急电："在君病转剧，烧三
九余，气促，医疑胸肺有脓，乞请协和派胸部手术医生飞京转
湘，并带用具及氧气袋。"我得电赶去找协和医院王锡炽院长，
商量此事。王院长发一电报给杨济时医生，要他详告诊断的病
情。傍晚时，他得回电云："胸脓（Empyema）。请求指示及
襄助。"王院长即与外科主任娄克思医生商量后，决定复电云：
"推荐顾仁（Dr. Phillips Greene）医师备外科的咨询及施治。
如顾仁要求，协和极愿相助。"

我也发了两电，一个给南京翁咏霓，一个给长沙丁夫人及
孟真，均报告协和医院推荐湘雅本院顾仁医师的话。二十五日
晚上我得长沙电："在君前晚危，昨抽脓，并施各法，温度大
降，未全脱险，仍续抽。"协和也得电报，报告抽脓事，并说
稍有转机。

这都是我当时的日记。这里很清楚的记载协和医院外科主
任要避免院外人干涉之嫌，故于二十四晚电告杨医生请本院的
外科主任顾仁医生作外科的咨询及施治；如需协和帮助，应该
由顾仁决定。孟真二十五电告"昨抽脓，并施各法"，是抽脓
在二十四。而上文引杨医生记载延请顾仁医师诊视，复抽出五

百五十公撮的脓液，是在二十三的晚上。这里明明有一天的记载差异。

我查孟真给研究院同人的十二月二十六日信，他只说二十三日下午四时，病人"表现发烧。此时大家互相抱怨，医〔生〕亦自怨，以为不应使其下床。然犹以为是倦后现象，无大碍也。晚饭弟招呼，他吃得很多"。是二十三日并未延请顾仁，也并未抽脓。

孟真信上继续说：

> 星期二（二十四日）天未明时（约五时），丁太太隔楼相唤，——经农家即在院内职员宿舍也，——及弟到，始知在君情形着实不妙！温度、脉搏、呼吸，一齐高升，喘得不得了。
>
> 旋杨主任来，亦大慌，觉得必是胸中原有何伤痕，昨午一动，至于溃决也。先是十五日照 X 光，在君左肺有如掌大之痕，……杨医生初疑其在肺，继见经过情形大好，以为在筋肉。一周以来，一切事（温度、脉、呼吸）经〔正〕常，未继续注意听此处，以为必是自愈了。此次忽然恶转，必是此处发作。

下午四时用针一探（杨晨间如此提议，顾仁尤主张），果然此处有脓水，知病源在此矣。是日注射葡萄糖两次，又借来氧气袋，用数次。

下午二（六?）时，顾仁医生（此间外科主任）开始抽脓，抽出如带沫之啤酒一般之脓水五百CC。此后在君神经立时清楚。此好转之开始也。是日晨杨主任即主张请协和外科胸部手术专家。下午杨主任几以为无望矣。

是日天未明时，丁太太大劳动，上午几不支，弟主张将其送入病房。下午此间施行手术，均弟与二丁作主。

星期二（二十五日）上午至下午极好，下午四时又抽出比昨日更浓之脓水十五至二十CC。看来此处病源渐好。

下午八时，温度与脉又高，知必又蔓延一处矣。医生及同人又转悲观。……幸二十时以后逐渐下降。

今日（二十六日）温度与脉仍逐渐下降中，故一切可以乐观。

孟真此信是研究院油印分送的。他的草字本不很好认。二十四日先记"下午四时用针一探",后记"下午二时顾仁开始抽脓",此"二时"当是"六时"之误认。据此信,二十四日晨顾仁医生已参加意见,主张刺穿胸脓,至下午四时才作第一次试探的刺穿,下午六时才由顾仁抽出五百多公撮的脓。故杨医生记诊断刺穿及延请顾仁抽出大量的脓,皆在二十三日及二十三晚,必是错误。

孟真二十八日给我的信上也说:

……Empyema 抽脓水三次。一次在二十四晚,抽五百 CC。一次在二十四(当是二十五之误)下午,抽十五至二十 CC。一次为今晨(二十八),已现清色,约四十 CC……

* * *

我的日记,摘抄如下:

十二月二十六日

今天消息最恶:殷汝耕果已成立冀东自治政府。

宋哲元等都到了天津。……长沙无电报来。但主任医师顾仁有电给协和外科主任娄克思先生，请他去会商。他已定二十八晨飞南京转长沙。下午我接翁咏霓电："日内天气不良，飞机难行。竹垚生已在京虚候二日。"

我与协和王锡炽院长电话商量后，发两电。一给咏霓，告以顾仁电约娄克思会商，拟二十八飞京转湘，乞备机，并电告明日天气。一给经农、孟真，告以娄克思二十八飞京，并望电告病情。

十二月二十七日

得孟真电："两次抽脓，医以抽不尽，必须开割肋膜，坚请协和主任来，……愈速愈妙。……"协和电话说娄克思决定明早飞京。我电告咏霓备机。

十二月二十八日

昨夜我写一文，到两点始睡，外面大风，我很虑今早 Dr. Loucks 飞不成。两次醒来，听见大风怒号，心极焦急。

　　早晨始知 Loucks 已飞去了。

　　长沙南京无电报。晚间得王院长电话，知娄医生
已到南京，明早飞湘。

*   *   *

　　据杨医生的记录，在君"自二十七日以后，时醒时睡，神
志不甚清晰。二十八日晨，顾仁医生于第五肋骨处开割，果然
发现第五肋骨已折，并取出一百五十公撮之浓脓（此可更正孟
真所记的小误）。培养及染色检查结果，发现脓中有肺炎双球
菌。开割口约二寸，置放出脓管。二十九日，三十日，两日体
温复常。时协和医院外科主任娄克思已到长沙，会诊之决定，
再用 X 光照胸部。因该处心影所蔽，照片不能详明。以探针
试胸部脓管，为后向上升，深有尺余。

　　民国二十五年（1936）一月一日，我早起时，接到协和王
院长的电话，说娄克思主任有电报来，说"在君病状有进步，
后果尚难预测"。

　　娄克思一月二日与孟真同离开长沙。孟真电告我："病无
变。面详。"娄克思一月二日留下这个报告，我依杨济时先生
的译文，记在下面。

据两日以来之观察，大致情形为作脓发炎，加之一氧化碳并发毒之结果，肺部不免有发炎变化。惟因心影遮蔽，不易诊察。除已发现之作脓处外，其他处恐尚有较小之同样病态。惟此类脓胞或不大，不能觉察也。

综观病前衡阳旅行之种种疲劳，煤气中毒等等不幸之经过，余个人意见以为脑中枢血管损坏足以解释目下之情形，尤以步行上南岳山，入矿底，离床坐起，过度费力之动作为最严重。衡阳中毒后二日之昏迷，右臂之痉挛，第二次过度动作（指离床下地）后发生失语，大小便无节制，强度之痉挛，——脑部血管出血，或脑部脉管血栓形成，足以解释现在之症状。肋骨截伤非主要症。目下胸腔作脓，可增剧脑部血管固有之损坏（瘀斑出血肿胀等）。此类病理变化，以煤气为主因。……娄克思。

——原译文见《独立》第一八九号，页十四

我此次引用，曾改变标点一二处

* * *

一月四日，下午一点，我得长沙电报："在君病转危。"三点二刻得电报："病转危。"九点又得电报："病危，似系脑充血。"下午徐韦曼自长沙来电报：

Surgical condition improving. Fever steadily mounting. White cell lowering. Aphasia（失语症），spasticity（剧性痉挛）and drowsiness stationary. Suspect cerebral complication. Meet Fu and Loucks. Arrange neurological or internal consultation.

晚上九点半，我和协和王院长到西车站接着娄克思医生与孟真。我们同到王家，请协和的内科主任 Dr. Dieuaide，神经系科主任 Dr. Lyman，脑外科医师关颂韬，同来会议，从十点到半夜后，大家拟定长电，我送到电报局打给杨济时医生。电文凡五十三字，大意说，内外科主任与神经系科主任均可随时去长沙，病理诊断似系大脑脉管损坏，暂勿注射葡萄糖。

那天会议时，他们听了娄克思的报告，都以为十二月九日晨在君的病已是脑中枢脉管损坏了，故有两日的昏迷，又有右臂的痉挛。

一月五日，上午没有长沙电报。午饭后，王院长来电话，说他连得两急电：第一电请协和速派医生飞去。第二电是十二点二十五分发的，说"丁垂危！"

我赶到协和医院，与 Loucks，Lyman，Dieuaide，及关颂韬五人会商，复一电云："明早快车来。"

晚上我在王正辅先生家，得王院长电话，说在君下午死了！我赶回家，得电报："在君昨日转危，于今日下午五时四十分逝世。经农、韦曼。"

在君真死了！

* * *

一月六日，我去看林斐成先生（行规），他有在君遗嘱的副本，我摘抄了其中关于丧葬的部分，电告经农与徐韦曼，又电告遗嘱执行人竹垚生，请他将遗嘱与咏霓商酌办理。当晚得徐新六、竹垚生回电，垚生今晚携遗嘱入京示咏霓。（遗嘱见附录。）

* * *

在君是为了"求知"死的，是为了国家的备战工作死的，是为了工作不避劳苦而死的。他的最适当的墓志铭应该是他最喜欢的句子：

　　　　明天就死又何妨！

　　　　只拼命做工，

　　　　就像你永永不会死一样！

附

录

丁文江遗嘱

　　立遗嘱人丁文江，字在君，江苏泰兴县人，今因来平之便，特邀旅平后列署名之三友，签证余所立最后之遗嘱如左。

　　遇本遗嘱发生效力时，即由余亲属邀请余友竹垚生先生为遗嘱执行人，余弟文渊亦为余指定之遗嘱执行人，依后列条款，会同处分余之遗产及管理余身后之事：

　　一、余在坎拿大商永明保险公司（The Sun Life Assurance Company of Canada）所保余之寿险所保额为英币贰千镑，业由余让与余妇史久元承受并经通知该保险公司以余妇为让受人，即为余妇应得之特留分。此项外币之特赠，为确保其依兑换率折合华币之数足敷生活费用起见，兹特切托本嘱执行人，遇兑换所得不足华币现银叁万元时，即先尽余其余遗产变价补足之。

就换足前项额数之货币中，至少有半额，终余妇之身，应听本嘱执行人指商存储；平时只用孳息，不得动本，遇有变故或其他不得已事由，仍得商取本遗嘱执行人之同意，酌提一部分之本；此项余妇生前用余之款，除其丧费用外，概听余妇以遗嘱专决之。

二、除前项确保之特留分及后项遗赠之书籍用具文稿外，余所遗之其余现金证券及其他动产，兹授权于本嘱执行人，将可变现金之动产，悉于一定期间内，变易现金；就其所得之现金，以四分之一归余三弟文潮之子女均分，以四分之一归余兄文涛之子明达承受，其余四分之二归余弟文渊、文澜、文浩、文治四人均分。

三、余所遗之中西文书籍，属于经济者赠与七弟文治，属于文学者赠与七弟妇史济瀛，中文小说留给余妇，其余概赠现设北平之中国地质学会。

余所遗家庭用具，除尽余妇视日用必要听其酌留外，其余悉赠中国地质学会。

余所遗文稿信札，统由余四弟文渊七弟文治整理处置之。

四、以上各条之遗赠，遇失效或抛弃而仍归属于遗产时，即由余友竹遗嘱执行人商取本嘱见证人之意思，就归属于遗产部分之财产，以一半分配于现设北平之中国地质学会，其余一半，准本嘱第一条第二条所定，比例摊分于该两条之受赠人。

五、于余身故时即以所故地之地方区域以内为余葬地，所占坟地不得过半亩，所殓之棺，其值不得逾银一百元，今并指令余之亲属，不得为余开吊，发讣闻，诵经，或徇其他糜费无益之习尚；遇所故地有火葬设备时，余切托遗嘱执行人务必嘱余亲属将余遗体火化。

现行法已废宗祧继承，余切嘱余之亲属，不得于余身后，为余立嗣。

以上遗嘱，为余赴北平时，约集旧友眼同见证，同时签署，并嘱余友林斐成，本余意旨，为之撰文，合并记明。

中华民国二十四年二月二十二日立于北平

立遗嘱人

见 证 人

撰遗嘱人

校 勘 后 记

　　五年前，"中央研究院"的同人筹备故总干事丁文江先生
逝世二十周年的纪念刊，这本《丁文江的传记》是我在国外
为纪念刊赶写成的。我原来只想写两三万字，不料写成了十万
字的一篇长传。材料不完全，特别是在君的日记信札我完全没
有得见，是很大的缺陷。我不是学地质学的人，所以我不配评
量也不配表彰在君的专门学术，这是更大的缺陷。

　　民国四十四年（1955）秋天我开始写这本传记，四十五年
（1956）三月十二日写完，已在在君逝世二十周年纪念（1956，
1月5日）之后了。此传写成整整四年了。我至今还不能弥补
这两个大缺陷。

　　近年颇有人注意传记的文学，所以这本《丁文江的传记》
的抽印本也快卖光了。我藉这个重印的机会，仔细校勘一遍。

新校出的错误，都在重印本上改正了。

我现在要举出一件错误的考订，因为情节比较复杂，不容易说明白，只好记在这里。问题是这样的：

房兆楹先生和杜联喆女士编的《增校清朝进士题名碑录》的附录一，其中有宣统三年（1911）五月的"游学毕业"的五十七人的题名。五十七人之中，有丁文江、章鸿钊、李四光，都是后来有盛名的地质学者。这五十七人列在"游学毕业进士"的诸录里，应该都是在北京经过"游学毕业"的考试，及格授予进士的了。但我看此五十七人的题名录前面的"五月"两个字，我起了疑心，因为丁文江先生自己记载他一九一一年五月十日到了劳开，五月十二日到了昆明，五月二十九日从昆明出发。他游历了云南、贵州两省，六月二十九日到贵州的镇远，七月六日从镇远坐船，七月十三日到湖南的常德。我先考定他记的是阳历。（《传记》二十页）我指出他的阴历行程如下：

宣统三年五月初二　　　　从昆明出发

同年六月十八　　　　　　到常德

所以我断定他决不能在宣统三年"五月"在北京应游学考试取得进士。所以我疑心，房兆楹先生附录的"宣统三年五

月"的五十七人可能是"学部汇报的国外留学生毕业名单，而被误列为游学毕业进士名录的"。（二十一页）

李济之先生请丁月波先生（文渊）看我的稿本，月波给我加了一条小注，说：

> 文渊按：家兄回家后小住，就赶去北京应游学毕业考试，大约在阴历八月的时候。（二十一页，注六）

这已够证明此录系在此年五月，必有错误了。但月波的小注又说：

> 地质学者李四光决不在内。房先生于此必有错误。李四光先生在武昌起义以后，曾任教育厅长，以后自请以官费留学英国，习地质。我在一九一九年秋天到了英伦，曾和丁巽甫去访过他。

这就提出了另一个问题：榜上有名的李四光是否错误？是不是后来有名的地质学者李四光？

丁月波先生的小注是这本传记印成后我才看见的。今年三月，我借出史语所藏的《清实录》里的《宣统政纪》来检查，在卷六十查得：

> 宣统三年八月丙申（初二日），命镶蓝旗蒙古都统张德彝，外务部左侍郎胡维德，民政部右侍郎林绍年，都察院副都御史朱益藩，充考试游学毕业生主试官。

又在卷六十二查得：

> 宣统三年九月庚午（初六日），验看学部考验游学毕业生，得旨：周家彦……〔等十九人〕均赏给法政科进士；周诒春著赏给文科进士；沙世杰著赏给医科进士；彭世芳、丁文江、章鸿钊，均著赏给格致科进士；陶昌善、朱继承均著赏给农科进士；王弼、……李四光……〔等二十二人〕均著赏给工科进士；王廷璋……〔等九人〕均著赏给商科进士。（此下尚有四百一十四人，赏给各科举人。）

这个五十七人的进士榜和房先生附录的五十七人的进士录完全相同。（只法科进士第八人是潘灏芬，房录脱芬字；商科第一人是王廷璋，房录璋作樟。）丁文江确是榜上有名的，他得的是格致科进士，可见他确曾赶到北京应八月初的游学毕业生考试。月波说他"赶去北京应考试，大约在阴历八月的时候"，是不错的。那年有闰六月，他六月十八到常德，换小火轮去长沙，从长沙到汉口，换长江大船到南京，月波和他坐江轮到八苇港，换民船回到泰兴黄桥。他还可以赶到北京去应八月初的考试。进士榜是九月初六日（阳历十月二十七日）发表的，房兆楹先生的附录误记作"五月"，应改作"九月"。

李四光也在榜上，但他得的是工科进士。他先在日本学工科，故考在工科。我在传记里说错了一句话："地质学者丁文江、章鸿钊、李四光三人也在此五十七人之内。"这句话引出了月波的小注，"地质学者李四光决不在内。"榜上的李四光此时还不是地质学者，他在留学考试后曾参加武昌的革命政府，但不是"教育厅长"。民国二年由稽勋局官费派他到英国留学，他才专学地质学。月波和我都有小错，房先生在这一点并没有错。房先生原录上明记李四光是工科进士，与《宣统政纪》相符。

*　*　*

《传记》第十三章记载"大上海"的计划与实施，其中略述丁先生在淞沪商埠总办任内收回上海公共租界的会审公堂的一件大事。我在一二九页有一条附注，说：

　　我在海外，没有寻得收回会审公堂的一切文件的中文原文。上面引的〔收回会审公堂〕临时协定条文都是依据英文《中国年鉴》（*The China Year Book*）一九二八年份，页四六五至四七五。因为是我摘译的，不是直引中文原本，故都没有用引号。

现在承"中央研究院"近代史研究所郭廷以先生替我从《东方杂志》二十三卷二十号（民国十五年十月出版）里抄出《收回上海会审公廨暂行章程》（我在此传记里误称作《收回会审公堂临时协定》），我附录在后面，作一件参考资料。

一九六〇年四月二十日

龙研仙同情革命

郭嵩焘于清季出使英国，回国之后，好谈西欧新政，有《海外日记》等著作，当时一般守旧人物，见之哗然，指为"汉奸"。王湘绮说他"中洋毒"，更制"出乎其类，拔乎其萃，不容于尧舜之世；未能事人，焉能事鬼，何必去父母之邦"的联句嘲骂，通人如此，其他可知。那时有个少年人，投刺进见和嵩焘谈了半日，嵩焘叹道："举世无知己，唯此一少年！"

这少年姓龙名璋，字研仙，是光绪丙子科的举人，那时才二十三岁，他博览中外政书，知道这不是闭关自守的时候了，不知彼焉能知此？因此无心八股文字，两赴礼闱，不获一第，便以中书改官知县，分发江苏，做了好几任知县，虽是小小七品官，名声却在道府之上。中日战争时，张之洞总督两江，他向张条陈扼守江淮，待机御敌。戊戌变法失败，光绪被囚，慈禧要行废立，密旨询两江督刘坤一和湖广督张之洞，坤一便请研仙到署商对策，研仙向坤一道："废立的事，只在老太太一句话，要怎么办便怎么办，原无须征询疆吏意见的，所以要多此一举者，便是有所顾忌。大帅是中兴宿将，张香师也是朝廷旧臣，会同上奏，老太太便不至蛮动了。"坤一深觉得有理，其"君臣之分已定，中外之口宜防"的警句，据说即是研仙加进去的，光绪的帝位才给保住。

庚子义和团起南方各省仇教案件，也有发生，研仙进见坤一，请上疏诛首祸诸臣，并和东南各省督抚，照会所在地各国领事，立约保护外侨。同时上书给张之洞，请"肃清君侧"，张本来善于做官，不敢发，但"东南自保"之议，还是采用研仙的建议，而由张季直促成的。"辛丑和约"之后，他看到清廷政事恍乱，气数已尽，革命潮流澎湃，对党人辄多赞助，在如皋创办小学，并在南京设旅宁学校，又返湖南筹创明德经正各校。黄兴倡义长沙，研仙密助十万；刺王之春案发生，黄兴系狱，他也暗里营救，又用了数千元，以后老河口、镇南关、黄花岗诸役，也都有资助，他处事很守秘密，所以清吏都没有察觉。辛亥夏，铁道国有议起，四川发生风潮，沿江各省也汹汹图谋举事，研仙这时虽没有加入革命党，但却同情革命，日夜向新军防营游说，计划俟机起义。

湖南继武昌起义之后，倡言独立，焦达峰、陈作新都向研仙计议，事起，焦、陈任正副都督，研仙也被推为民政长。当清军攻汉阳时，焦、陈遭人杀害，部曲要报仇，研仙痛哭力争，劝以大局为重，不要自相斫杀，乃推谭延闿继任都督，礼葬焦、陈，和谭畏公计议出兵响应武昌义师，自己带兵到辰州，并至镇篁安抚苗黎。民二，袁世凯派张勋、冯国璋取金陵，失败后，研仙亦避上海；四年云南起义后，"送命二陈汤"的汤乡铭独立，研仙到了长沙，乡铭已走，研仙再度被推为民政长，不久引退，至七年三月卒，年六十五。遗著有《罴勤斋集》若干卷。

芝翁

——原载《新生报》副刊 四十八·三·二十七

我所认识的丁文江先生

傅斯年

　　丁文江（在君）先生去世，到现在过一个月了。北方的报纸仅《大公报》上有一个认可而悼惜的短评。南方的报纸我所见只有《字林西报》有一篇社论，这篇社论是能充分认识在君品行的。李济之先生说，"在君的德行品质，要让英美去了解"，这是何等可惜的事！我以为在君确是新时代最良善、最有用的中国之代表，他是欧化中国过程中产生的最高的菁华，他是用科学知识作燃料的大马力机器；他是抹杀主观、为学术、为社会、为国家服务者，为公众之进步及幸福而服务者。这样的一个人格，应当在国人心中留个深刻的印象。所以我希望胡适之先生将来为他作一部传记。他若不作，我就要有点自告奋勇的意思。

　　论在君立身行世的态度，可以分作四面去看：一、对自己（或应曰律自己）；二、对家庭；三、对社会；四、对国家。现在依次叙说一下：

　　一、在君之律自己，既不是接受现成的物质享受之纨绔子，也不是中世纪修道的高僧。他以为人们没有权利过分享受，因为过分享受总是剥夺别人。同时他也不愿受苦，因为他觉受苦的机器是没有很大工作效能的。人要为公众服务而生活，所以服务的效率愈大，生活愈有意义，起居饮食愈少摩擦，服务的效力愈大。我们在此地不可把舒适和奢侈看混了。在君很看重舒适，有作用的、合理的舒适。他对于朋友的趋于奢侈的习惯，却是竭力告戒的。舒适可以减少每日生活中之摩擦性。只要不为舒适所征服，舒适是增加生命力的。譬如，在君是有机会坐头等车，他绝不肯坐二等车；有地方睡安稳的觉，他不肯住喧闹的旅馆。但是这些考量，这个原则，绝不阻止他到云贵爬高山去看地质；绝不阻止他到黑海的泥路上去看俄国工程；绝不阻止他每星期日率领北大的学生到西山和塞外作地质实习；绝不阻止他为探矿、为计划道路，半年的游行荒野中。他平日之求舒适，正是为储蓄精力，以便大大的劳作。他以为人人有要求舒适以便工作的权利，人人都没有享受奢侈，或得到舒适

而不动作的权利。在这一个道理上，他不是明显的受英国的
"理论急进者"的影响么？虽然他没有这样自己宣传着！

他有两句名言："准备着明天就会死，工作着仿佛像永远
活着的。"所以无论在何等疾病痛苦之下，无论在何等的艰危
环境中，我总不曾看见他白白的发空愁，坐着忧虑消耗光阴
（不幸得很，我便是这样的一个人）。若是他忧虑，他便要把
这忧虑立时现为事实，若不能立时现为事实，他绝不继续忧虑
着。例如他大前年冬天从俄国回来后，觉得身上像有毛病，到
协和医院去诊察他的左脚大拇指发麻的症候。他问医生说，
"要紧不要紧？"医生说，"大概不要紧。""能治不能治？"医
生说，"不能治。"他告我，当时他听到这话便立时放心了。
我问所以然。他说，"若是能治，当然要想法子去治，既不能
治，便从此不想它好了。"他这次在病危中，除末了一星期不
大言语外，以前，虽偶有病人免不了的愤怒，但大体上是高高
兴兴专说笑话的。他从不曾问过医生，"我这病有危险没有？"
他在病中也不曾忧虑到任何身内的事。他能畅谈的最后一日，
和我所谈的是胡适之先生应该保重他的身体，节约他的用度，
是凌鸿勋先生的家庭如何快活，北方大局如何如何。这样的心
神安定，有几个宗教大师能做到？

二、论到在君的对家庭，真是一位理学大儒。他对于他的夫人史久元女士是极其恩爱的。他们两个人的习惯与思想并不全在一个世界中，然而他之护持她，虽至新少年的恩爱夫妻也不过如此。丁夫人也是一位很可以敬佩的女士，处家、待朋友，都是和蔼可亲、很诚心、很周到的，并且对两方的家庭都是绝对牺牲自己的。她不断得病，在君便伺候了她二十多年的病，不特做她的保护人，并且做她的看护生。他真是一个模范的丈夫，无论在新旧的社会中，都做到这个地步了。

说到这里，我不妨连着叙述他的性道德观。他并不反对"自由生活"，假如"自由生活"不影响一个人的服务社会。他主张人的"性本能"应得其正，不然，要失却一个人的精神平衡，因而减少一个人的用处。他从俄国回来，尤其称赞俄国的婚姻制度，他说，儿童既得公育，社会上又从此没有Scandals 了，这是自从人类有配偶制度以来的最大革命。他这样的信念，却是想送给将来的中国人们去享受。他自己，不特没有利用任何一种现成的左倾或右倾思想便利私图的事，或存心，并且凡是合理的旧新习惯所要求者，他总要充分的尽其责任。他论人是很宽的，自由恋爱是可以的，或者有时是很好的，假定不因此而妨害本业。娶妾也未尝不可，也要假定不因此而妨害本业。我们大家知道,他对于志摩之再度结婚是反对的,在君不是反对志摩再婚,他是反对志摩那样一结婚不能工作了。他十分的相信,服务之义"无所逃于天下之间"。至于在能充分服务一个条件下之个人自由,不应该用成见的道德论去干涉他或她。

在君对他的兄弟,又是一位模范的人格。他同母的一兄二弟、异母的三弟。从他的老四以下,求学的事总是他在操心。他之所以辞地质调查所的原因,据说,大部分由于地质调查所所长的薪水不够他津贴弟弟们上学。在他"失业"的那一年,我问他小家庭外大家庭内之负担,连着亲戚们共若干。他说,今年两千。待他次年不失业了,他的进款也只是每年六千。

三、在君对于社会的观念完全支配在"服务"一个信心之下。若把他这个主义写文字,我想可以这样说:看看中国人是在何等阶级的生活中。据何廉博士的研究,中国人平均进款,是每年二十七元。再看看我们知识阶级的生活是怎样。若把我们的生活降低到每年二十七元,一件事业也不能做了。若受今日社会给我们的待遇而给社会以相当的回报,只有黾勉服务,把自己所有的能力都尽了,然后可以问心无愧。在这一个基本认识之下,他是永不间断的为社会中团体及个人服务。他论一件事之是非，总是以这一件事对公众有利或有害为标准。他论一个人的价值，总是以这一个人对公众有利或有害为决定。他并不是一个狭隘的功利论者，但是他的基本哲学，确是一种社会价值论。

他一生的服务范围虽是多元的，但十之七八是学术及学术行政，其余二三分或者当由行政的（包括有助行政之技术的）及实业的平分了罢？他放弃了自己研究来管别人的研究，他牺牲自己一时的工作来辅助别人的工作，其意无非以为一人之成绩总有限，多人之成绩必然更大。在不深知者或者觉得他有一个舍己耘人的天性，其实他是为社会求得最大量的出息、而不求其自我。这样热心的人本已少见，这样热心又加以在君那样的见识与学问，又有谁呢？

他对于好朋友之态度，恰如他对于他的家人、妻与兄弟，即是凡朋友的事，他都操心着并且操心到极紧张、极细微的地步，有时比他那一位朋友自己操心还要多。他的操心法，纯粹由他自己的观点行之。他是绝对信赖近代医术和医院规律的。朋友病，他便如法炮制之。举例说，受他这样待遇的，有适之、咏霓两先生。他是绝对相信安定生活是工作的基础条件的，朋友们若生活不安定，他便如他的见解促成之。受他这样待遇的有我。他为一个朋友打算，要从头至尾步步安排着，连人如何娶妻、如何生子都在里头。据李仲揆先生说，在君这样为他安排过，只是仲揆没有全照他的方法。朋友死了，他便是孤儿寡妇第一个保障人，赵亚曾先生的事可以为例。

他之看重朋友，似乎大多由于他认识为有用，学术上或事业之用。一旦既成朋友之后，他每每不自觉的颇以监护人自居，对于同辈（听说对于比他年长的也有时如此）俨然像个老大哥。因此，朋友们一齐称他曰"丁大哥!"若他认为某一朋友不努力，或行为上丧失或减少其社会服务的或学术的作用，他必要责备，必要督促着改过来，因此常和朋友发生纠纷。

我可以记一件亲见的事。前年二月，翁咏霓先生在杭受重伤的消息传到北京时，在君正在协和医院躺着，一面检查身体一面还发点小烧。朋友想，不要告他这消息，偏他看报看见了。一听朋友说明详情，他立时想从医院飞出来。我亲自看见他在涕泗交流中与医生争执。医生说："你在这个时候离开医院去坐车是极傻的。你到了杭州，一个病人也无一点用处。"因此他才不走，就在床上料理了许多事，皆关于咏霓事业的安排。他没有许多话，只是说，"咏霓这样一个人才，是死不得的。"

四、在君之对国家，或者外国人看得清楚些。他死后，

《字林西报》作一社论，题目"一个真实的爱国者"，我相信这是对在君最确切的名称。诚然，在君没有标榜过爱国，尤其没有办过"救国会"，然而在君对于国家的忠勤是极其显明的事实。就消极的方面说，他从来不曾坐过免票车，从不曾用公家的费用作私用，从不曾领过一文的干薪。四年前，资源委员会送他每月一百元，他拿来，分给几个青年编地理教科书。他到"中央研究院"后，经济委员会送他每月公费二百元，他便分请了三位助理各做一件事。他在淞沪总办卸任后，许多人以为他必有几文，乃所余仅是薪俸所节省的三千元，为一个大家庭中人索去。

积极方面说，他在中国建设出地质学，至少他是创造了一个可以使地质学在中国发达的环境，已可谓功在国家。至今还没有第二个人在提倡科学研究上比得上他。他在淞沪任中，为后来之上海特别市建造弘大的规模，只可惜后来人并不能步趋他。他除了好些积弊。他从外国人手中争回重大的权利，不以势力，不以手段，只以公道。交出这些权利的外国人，反而能够诚意的佩服他！虽然他当时的上司是孙传芳，然而他并不是孙传芳的私人，他仍是为中华民国服务。后来孙传芳日暮途穷、倒行逆施时，他并没有跟他（此中故事，在君曾为我详说，待后写出）。至于他对外国人，永远是为中国辩护的，至少是为新中国辩护。凡外国人抹杀了中国实事而加菲薄，他总起抵抗，论政如他驳濮兰德的小册子，论学如他评葛兰内的文，都是很精彩的。《北平教育界致国联调查团书》，是他的手笔，是一篇伟大的著作。

用充分的知识，忠勤的为国家服务，丝毫不存自我利益心，便是真实爱国者的定义，也便是在君的行事。

在君虽是一个真实爱国者，却不是一个狭隘的国家主义者。他以为世界上的文明的和平的民族都应该共存共荣，共致力于人类之知识与幸福，所以有时候他真拿某一外国人作朋友看，这是我所最难能的。

以上所说是在君的"立身"，以下再谈在君的"行道"。

我们且看在君的道是何道。

这当然不是"貉道"。"貉道"在近代中国也曾经为几个无政府主义者提倡过，现在不闻声气了。在君既信仰近代物质文明，当然不能简单成"貉道"。这当然也不是"王道"。我们的近邻无端把霸字读作王字，真正不值一笑。在君的道决不退化到二千年前，无论他是王是霸。

在君的道是近代文明中的一条大道。在这道上走的有"搜求心"，有"理性"，有"智慧"，有"人类同情心"。在这道旁所建筑的庭舍，是"世间经验之扩充"，"科学知识之寻求"，"物质之人工的利用"，"改造不合理性的方案"。自从开辟新大陆以来，人类的知识日向扩充，人类的要求日向增加，人类的思力日向解放，至十八世纪出来了成系统的理性论。科学与工业之发达，固颇受这样思想的影响，而若干人生观社会观之改变尤是这类思想所助成。这样一步一步向着开明走的大路，一直到欧战后才出来新生的反动。

在君留学英国，在欧战前若干年（1911 以前）。那时候自由党已起来当政，早年的理论急进派（Philosophical Radicals）若干主张，修改后依然为实际政治上争议之点。以在君的思力敏锐与多才，在这时候好看报，特别是《泰晤士报》，自然要受这个空气的影响。我知道在君是好看经济学书的，我尤知道他关于 J. m. Keynes 的书每本必看，所以我敢说，他从不是柯波登、边沁、穆勒之研究者，他必是受这一派思想的影响者。聪明人嗅着空气便可得坚实的益处，原不待咬文嚼字如专家然。在君又是学科学的，他在英时的科学兴趣，由动物学到地质学。恰恰这一行的科学在英国有圣人达尔文、有护法赫胥黎、有游击名将葛尔登（Francis Galton），所以在君若于研究这一行学问时越过实验室而寄兴趣于词辩，大有精神的安顿处，连宗教都有一个。在君必是一个深刻的受赫胥黎影响者（严复并不是），他也在中国以他的科学玄学战做成了赫胥黎（只可惜对方太不行了）。在君所在英国又是利用科学造成福利的最前进国，在若干意义上最近代化的地方。本来天才是生成的，在君思力锐而敏，在最短时间中能抓到一题之扼要点而略去其不重要点，自然不是英国人教会他的。但是他的天才所取用的资料，所表现的方式，所锻炼成的实体，却不能不说一部分由于英国的思想与环境，英国有很多极其可恶的思想，不过在君所受者却是最上层精粹。因为在君能读法、德文书，走过大陆，他对于英国人之守旧、自大、摆架子、不自觉的自欺，必然看穿。他绝看不起中国人学来一个牛津架子，或者他对于圜桥清谈，也不尽看重吧。

至于他所受者，大来说近代欧洲的，小来说维多利亚朝以来英国的，究是些什么？我想可以撮成下列几句。

行为思想要全依理智，而不可放纵感情压倒了理智。

是是非非要全依经验，而不容以幻想代经验。

流传之事物或理论，应批评而后接受，而不容为世间的应声虫。

论事论人要权衡轻重，两害相衡取其轻，两利相衡取其重。

一切事物之价值，全以在社会福利上人类知识上之关系为断。

社会是一个合作团，人人要在里边尽其所有之能力。

社会之不公，不合理，及妄费之处是必须改革的（虽然要用演进的方式），社会上没有古物保存之必要。

读者看到这里，若是不识在君者，或者觉得此君必是一个"冷静头脑"，这却大不然了。他是一个火把！他又是一个感情极重的人，以强动不息的精神，用极大的感情，来祈求这一个"理性—经验—实用"的哲学，来实现一个进取而不保守的人生。不知必不行，知之必能行。

归纳以上两章，我们可以说，在君在立身、行事上是兼备中西伦理条件的积极的良善公民，永远为团体、为个人服务着。在君在主义上是钦崇而又信仰近代科学及开明的民生主义者。

近代文化到中国来，虽有成功，亦多失败。今日中国在思想上，在社会伦理上，在组织上，依然甚多荒古的现象，这是不得了的。丁在君是"近代化中国"的大队中最有才气的前驱。中国若有这样人二十个，又都在扼要适宜的地位，二十年后，我们庶几可以成等的近代化国家了。为什么他先死呢？

记得"九一八"之前半年间，有一天，我请几个朋友在我家吃饭。座上有在君，有适之先生等。我议论一个人，适之先生以为不公允，说，"你这偏见反正是会改变的。你不记得在巴黎时，你向我说过三遍，回国后第一件事是杀丁文江。现在丁文江在你旁边，你干吗不杀他？"后来我怨适之先生恶作剧，他说，"在君必高兴，他能将你这杀人犯变作朋友，岂不可以自豪？"

我开始大佩服在君在我读科学玄学战时，那时我在英国。以为如此才人，何为任于铁穆之朝，又与吕惠卿辈来往，所以才有"杀"之一说，其中实不免有点如朱子所说，其词若有憾，其实不尽然也。乃民国十八年初夏相见之后，不久即成朋友，一年后成好朋友，最近几年中竟成极好的朋友。在其病重时，心中自思，如我死，国家之损失小得多。这个变迁应该有个缘故吧。所以我说他好，比胡适先生说他好更有要求读者注意之理由吧？

（原载一九三六年二月十六日《独立评论》第一八八号）

生活·读书·新知 三联书店陆续刊行

《文章例话》　　　　　　　　叶圣陶

《三案始末》　　　　　　　　温功义

《驼庵诗话》　　　　　　　　顾　随

《李白》　　　　　　　　　　王　瑶

《乡土中国》　　　　　　　　费孝通

《生育制度》　　　　　　　　费孝通

《皇权与绅权》　　　　　　　费孝通、吴　晗等

《鲁迅批判》　　　　　　　　李长之

《司马迁之人格与风格》　　　李长之

《道教徒的诗人李白及其痛苦》李长之

《迦陵谈词》　　　　　　　　叶嘉莹

《励耘家书》　　　　　　　　陈　垣 著　陈智超 编

《乐迷闲话》　　　　　　　　辛丰年

《文言常识》　　　　　　　　张中行

《闲话三分》　　　　　　　　陈迩冬

《宋词纵谈》　　　　　　　　陈迩冬

《丁文江的传记》　　　　　　胡　适

《我的自学小史》　　　　　　梁漱溟

《所思》　　　　　　　　　　张申府

《文明与野蛮》　　　　　　　【美】罗伯特·路威 著　吕叔湘 译

《六人》　　　　　　　　　　【德】鲁道夫·洛克尔 著

　　　　　　　　　　　　　　巴　金 试译

《中国民族简史》　　　　　吕振羽

《人物与纪念》　　　　　　萧　三

《大众哲学》　　　　　　　艾思奇

《演员自我修养》　　　　　【苏】斯坦尼斯拉夫斯基 著

　　　　　　　　　　　　　　郑君里、章　泯 译

《书的故事》　　　　　　　【苏】伊　林 著　胡愈之 译